スポーツ政策 2

地方における スポーツ価値実現の 実像

日本体育・スポーツ政策学会 監修

成瀬和弥・真山達志 編著

晃洋書房

はしがき

「地方の時代」といわれて久しい．自治体は，中央の方針を受けて，そのまま実施するような受け身の姿勢から脱却し，主体的に地域の課題に即した政策を立案して，実施する役割が期待されている．自治体がスポーツの価値を多様にとらえて，様々なアクターと協働し，地域の実情に応じた政策を決定し実施していけば，日本全体でより豊かなスポーツ環境が整備され得ると考えられる．

スポーツ基本法が示すとおり，自治体は，国と同様にスポーツに関する責務を有する．これまで，多くの自治体のスポーツ政策は，国からの指示や誘導に基づいて展開されており，このことから自治体は実施機関としての性格が強いということが指摘されてきた．また，「スポーツを振興する」という目的だけでなく，自治体ではスポーツは様々な分野（健康増進や地域活性化など）に利用されており，「スポーツ振興」よりも大きな予算規模で，スポーツ振興以外の「スポーツ」政策が展開されている場合も散見される．

日本のスポーツをより豊かなものにしていくためには，自治体のスポーツ政策を充実したものにしていかなければならない．一方で，前述のとおり，自治体ではスポーツは幅広い分野にまたがって展開されており，その全体像を把握することは容易ではない．そこで本書は，スポーツにおいても地方の役割は今後ますます重要になることを見据え，自治体に特化して，そのスポーツ政策の現状やあり方を検討するものである．

1990年代から，日本の中央地方関係は，地方分権へと転換していく．2000年代に入ると，地方分権を進める関連法が制定，施行され，地方分権改革は本格化し，紆余曲折を経ながらも様々な政策が打ち出されてきた．社会のグローバル化が叫ばれて久しいが，不確定要素が国際社会を覆い，人々は逆進的にローカルなコミュニティへと回帰していく現象も見受けられ，また，新型コロナウィルス対策のなかで，国と地方の関係性は改めて問われており，自治体の役割も大きく変容していくと考えられる．

地方分権では，旧来の中央地方関係を見直し，新たな関係を模索し構築されてきたわけだが，国と地方が対等な関係を築くためには，権限移譲や役割分担の明確化など制度を整備するだけではなく，自治体の力を今まで以上に高めて

いく必要がある．確固たる財務基盤とともに，政策を形成し実現する力がさらに求められよう．

　一方，地方そのものに目を向けると，課題が山積している．過疎化や少子高齢化などによって生産年齢人口は減少し，多くの自治体で税収は減り続ける状況にある．自治体だけで，これまでと同じような（もしくはそれ以上の）行政サービスをこれからも展開することは不可能に近い．したがって，「公」と「私」のあり方を見直すとともに，多様なアクターが協働して行政サービスを担っていくことが求められる．スポーツにおいても，官民の連携をさらに進めていく必要があるだろう．このように地方のあり様が新たな局面を迎えている中で，本書がこれからの地方のスポーツをより成熟したものとする一助となれば，望外の喜びである．

　本書は，スポーツ政策シリーズの第2巻となる．第1巻「公共政策の中のスポーツ」と同様に，執筆者の多くを日本体育・スポーツ政策学会の会員から公募した．幸いにも多数の会員に賛同をいただき，刊行することができた．学会員の皆様にはお礼申し上げる．また，第1巻から共編者になっていただいている真山達志先生には，ご多忙の中，大変なお力添えをいただいた．心から感謝申し上げる．

　　2023年2月

　　　　　　　　　　　　　編著者を代表して　成 瀬 和 弥

目　次

はしがき

第**1**章　地方自治制度と地方分権改革 …………………… 1

　はじめに　(1)

　　1　日本の地方制度の歴史　(1)
　　2　地方におけるスポーツ行政　(3)
　　3　地方分権の進展　(9)
　　4　規制緩和と民間化　(12)

　おわりに　(14)

第**2**章　スポーツにおける国と地方の役割 ………… 18

　はじめに　(18)

　　1　地方自治法におけるスポーツに関する規定　(19)
　　2　スポーツに関する法令における国及び地方の
　　　役割　(21)
　　3　スポーツ財政をめぐる国と地方の役割　(29)

　おわりに　(33)

第**3**章　自治体におけるスポーツ政策ネットワーク
　………………………………………………………… 37

　はじめに　(37)

　　1　自治体のスポーツ政策の展開とそれに関わる
　　　アクター　(37)

　　　　2　　政策ネットワーク　　（39）

　　　　3　　自治体のスポーツ政策の政策ネットワーク　　（42）

　　　　4　　スポーツ基本法制定以降の自治体スポーツ政策の
　　　　　　政策ネットワーク　　（49）

　　おわりに　　（52）

第 **4** 章　**自治体におけるスポーツ政策体系** ·············· 55

　　は じ め に　　（55）

　　　　1　　政策体系とは何か　　（55）

　　　　2　　スポーツに関する条例と計画　　（56）

　　おわりに　　（69）

第 **5** 章　**子どもとスポーツ** ································· 72

　　は じ め に　　（72）

　　　　1　　子どものスポーツの現況　　（73）

　　　　2　　運動部活動改革　　（79）

　　おわりに　　（86）

第 **6** 章　**地方におけるスポーツの振興** ··················· 89

　　は じ め に　　（89）

　　　　1　　スポーツの推進に関連するアクター　　（90）

　　　　2　　自治体のスポーツ施設　　（92）

　　　　3　　自治体が提供するプログラム　　（95）

　　おわりに　　（102）

第 **7** 章 　競技スポーツ政策 ……………………………………… 105

はじめに　（105）

1　自治体の競技スポーツ政策の展開　（106）

2　自治体の主要な競技スポーツ政策　（115）

おわりに　（120）

第 **8** 章 　スポーツと地域活性化 ……………………………… 123

はじめに　（123）

1　地域活性化の必要性と根拠　（124）

2　スポーツと地域活性化の捉え方　（127）

3　スポーツ・ツーリズムによる地域振興　（127）

4　スポーツによる地域振興の課題　（137）

おわりに　（140）

第 **9** 章 　スポーツと健康福祉 ………………………………… 143

はじめに　（143）

1　市町村におけるスポーツと保健福祉政策の
　　実態　（145）

2　スポーツ推進　（146）

3　保健（健康づくり）　（149）

4　高齢介護課　（153）

おわりに　（157）

第**10**章　プロスポーツと地方 ……………………………… 160

　はじめに　（160）

　　1　プロスポーツと自治体の関係　（161）
　　2　プロスポーツと地域主体の様々な連携・
　　　　協働　（165）
　　3　地方におけるプロスポーツの役割　（170）

　おわりに　（173）

あとがき　（177）
索　　引　（179）

真山達志

第1章　地方自治制度と地方分権改革

はじめに

　人々がスポーツに触れる機会はさまざまであるが，スポーツを行おうとすると「場」が必要になる．もちろん，自宅でもスポーツはできるが，通常は公園や運動場，本格的な競技や試合になれば競技場や体育館が必要になってくる．これらのスポーツの「場」を整備し管理運営しているのは政府であることが多い．ここでいう政府には国（中央政府）と自治体（地方政府）の双方を含むが，オリンピックのようなレベルでない限り「場」の整備を担っている中心は自治体である．

　スポーツは自ら行うだけでなく，観戦したり応援したりすることでも楽しまれている．また，アマチュア・スポーツの場合もあれば，プロ・スポーツの場合もある．アマチュアの場合は，一部の実業団チームなどを除けば趣味や娯楽の一環として行われていることが多いが，その場合でも安定的かつ継続的にスポーツ活動を続けるためには，地域社会，企業，そして行政の支援や協力が不可欠である．プロ・スポーツの場合でも，サッカーJリーグをはじめとして多くの種目で地域とのつながりを重視しており，その結果，地元自治体の支援や協力なしには成り立たないといっても過言ではない．

　このように，スポーツを「する，観る，支える」というどの側面をとっても自治体（行政）の関わりが重要になっている．したがって，スポーツに関わる人や関心のある人にとっては，自治体（行政）について理解しておくことは重要である．そこで本章では，地方自治制度の基本的な理解のために必要な知識と，自治体がスポーツの発展や振興に関わる政策を形成・実施する上での現状や課題を整理するための前提となる自治体の現状について論じる．

1　日本の地方制度の歴史

　現代の日本の多くの政治・行政制度は明治時代にその端緒があると言えるが，地方制度も明治時代に始まったといって良い．周知のように，明治時代に廃藩

置県 (1871 年) によって現在の都道府県の基本枠組みができあがった. そして, 市制町村制 (1888 年) によって市町村の原型ができた. 近代国家を形成しようとする明治政府にとっては, 地方制度を整備することは最重要課題の 1 つであった. もっとも, 今日の地方制度で府県や市町村という同じ名称を使っているものの, 実質や実態は大きく変わっているので, ここでは明治時代の地方制度については詳しくは検討しない. ただ, 日本の地方制度においてしばしば問題になる中央集権的な側面が大きいことや, 国が地方に対して後見的に関与することが多いことは, 明治時代に根源があるともいえることは念頭に置いておく必要はあるだろう.

今日の地方制度は, 第二次世界大戦後の 1947 年に確立された. 憲法で地方自治についての規定が設けられ, 92 条で「地方公共団体の組織及び運営に関する事項は, 地方自治の本旨に基いて, 法律でこれを定める.」と定められたことを受けて, 憲法施行に合わせて 47 年に地方自治法も施行された. 憲法は地方自治の基本原則を「地方自治の本旨」と定めるのみで, その具体的な内容は詳らかではない. 一般には「住民自治」と「団体自治」の 2 つの原則からなるものと考えられている. 地方自治法もその考え方が基本になっており, 住民自治を保証するための制度や仕組みを定めるとともに, 団体自治を実現するために地方公共団体についての詳細を規定している[1].

そのため, 地方自治法は「地方自治の憲法」と呼ばれることもあるが, 憲法そのものとは異なり, これまでに度重なる改正を受けている. 1950 年の改正では, 内閣総理大臣・都道府県知事に勧告権を付与し, あるいは特別区 (東京 23 区) 長の公選制を廃止したが, これらは集権的性格が強い内容である. 1956 年改正における, 議会の定例会回数と常任委員会数の制限, 都道府県の部局の制限, 内閣総理大臣の都道府県知事の適正な事務処理の確保措置に関する規定なども集権化と言える. 一方, 1998 年に特別区を「基礎的な地方公共団体」として位置付け, 特別区の自主性・自立性を強化し, 都から特別区へ事務を移譲 (清掃事務等) した改正は分権化を指向している. そして, 近年, 最も分権を推進したといわれているのが 1999 年の改正である. このときには, 戦前からの中央集権的地方制度の典型と言われていた「機関委任事務」が廃止され, 国の地方への関与についても大幅な見直しが加えられている.

戦後まもなくは, 戦前・戦中の集権的制度から新たに地方分権を確立することが強力に推進された. しかし, 数年後には見直しが始まり, 特に 1960 年代

以降は高度経済成長を推し進めるために，国の権限や役割を強化する傾向が強まったことが，上述の地方自治法改正からも見て取れる．このように，日本の地方制度は，分権に向かう時期と集権の向かう時期があり，揺れ動いている．ただ，これらの動きはあくまでも制度面に着目したものであり，地方自治の実態や実質面は見ていない．いくら分権的な制度があっても，住民自治が確立しているとは言い切れないし，自律的な自治団体になっているかも保証の限りではない．特に本書が関心を寄せているスポーツが自治体政策の中でどのように扱われて，その結果としてスポーツにどのような効果や影響を与えているのかという点を検討するためには，制度よりもその制度のもとで展開する動態の方が重要である．すなわち，自治体がそれぞれの地域の実情や住民の意向を踏まえた独自のスポーツ政策を展開しているのか，あるいはスポーツのあり方について自治体としての確固たる理念や理想を持っているのかということを検討するためには，地方制度の枠の中で自治体がどのような意識で何を行っているのかを見ることが重要である．そして，本書はそのような実態を明らかにすることに資することを目指している．

2　地方におけるスポーツ行政

　スポーツに関心のある人の多くが知っているように，日本のスポーツは体育として導入され発展してきた経緯がある［菊他 2011：第2編第1章］．つまり，スポーツは学校教育との関係が強いことが特徴となっている．それゆえ，スポーツに関することがらは文部科学省（2001年までは文部省）が扱い，スポーツ政策を総合的に展開するために設置されたスポーツ庁も文科省の外局と位置づけられたのである．そのことは，自治体におけるスポーツ行政の枠組みに長らく影響を与えてきた．

　多くの自治体ではスポーツを扱う部署は学校教育と社会教育を担当する教育委員会に置かれてきた．しかし，2007年に地方教育行政の組織及び運営に関する法律が改正され，スポーツに関する事務の担当部署について，従来の教育委員会から長（知事，市町村長）の部局に移すことが可能となった．スポーツの担当部署を長の部局に移管することにより，スポーツの振興に関する計画（現在の「地方スポーツ推進計画」）の策定，スポーツ振興審議会等の委員の任命，体育指導委員（現在の「スポーツ推進委員」）の委嘱，スポーツ振興審議会等への意

見聴取等は長が行うことになった.

　教育委員会は行政委員会であることから, 長からは一定の独立性を確保している. 教育が政治的影響を受けないようにするためには行政委員会が教育を管理することが望ましいといえるが, スポーツの場合は政治的独立性を確保することのメリットより, 教育以外の他の分野との連携を進めることのメリットの方が大きいと考えられる. つまり, スポーツ政策の立案やスポーツ行政の執行を長から独立させる必然性はそれほど大きくないのである. そのような認識から, スポーツを所管する部署を, 従来の教育委員会から長部局に移すことが徐々に増えている. 笹川スポーツ財団のアンケート調査 [2015] によると, 都道府県では半数以上が調査時点で既に知事部局でスポーツを所管している. 市町村ではまだ少ないものの, 人口規模の大きな自治体ほど長部局に移管しているケースが多い (**図** 1-1・1-2). 小規模自治体では役場全体の職員数も限られているため, スポーツに特化した組織を設けるだけの余裕がないのが実情である. 一方で, 規模が小さいがゆえに職員間のコミュニケーションが容易であるというメリットもあるので, 他部署との連携も容易になる場合がある.

　ところで, 長部局にスポーツ所管部署を移管する場合, 従来は教育委員会にうまく収まっていたものを新たに位置づけることになるので, 組織編成上, どのように位置づけるのかという問題が出てくる. 実際, 自治体によって位置づけはさまざまである. 都道府県の場合は, スポーツ振興を中心にスポーツ政策

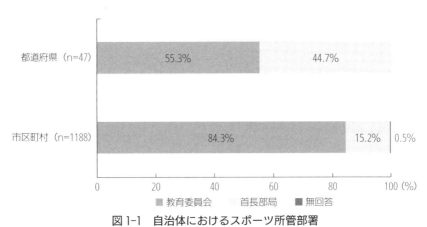

図 1-1　自治体におけるスポーツ所管部署

出所) 笹川スポーツ財団「スポーツ振興に関する全自治体調査 2015」(https://www.ssf.or.jp/Portals/0/resources/research/report/pdf/report30_3-1.pdf, 2021 年 12 月 29 日閲覧).

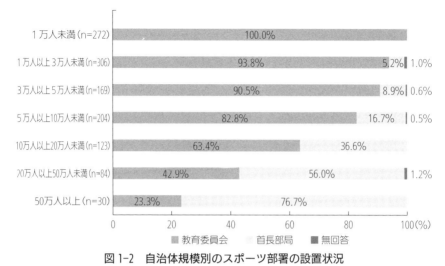

図 1-2　自治体規模別のスポーツ部署の設置状況

出所）笹川スポーツ財団「スポーツ振興に関する全自治体調査 2015」(https://www.ssf.or.jp/Portals/0/resources/research/report/pdf/report30_3-1.pdf, 2021 年 12 月 29 日閲覧).

を主管する部署を設置している例（神奈川県，愛知県など）が散見されるが，大半は文化や観光と関連付けられている[2]（**表 1-1**）．市町村における大きな傾向としては，スポーツを地域経済の振興に活用しようという意図が強いと思われる位置づけ（大阪市の経済戦略局，青森市の経済部，高槻市の街にぎわい部など），コミュニティ振興や市民の日常生活との関わりを重視していると思われる位置づけ（水戸市の市民協働部，横浜市の市民局，京都市の文化市民局，大津市の市民部など）に大別できる．両者の中間的な位置づけといるのが，観光や人々の交流（いわゆる交流人口や関係人口）の振興・拡大との関わりを意識している位置づけ（旭川市の観光スポーツ交流部，静岡市の観光交流文化局，山口市の交流創造部など）である．一方で，スポーツの位置づけを特定せず，所管部署を総務・企画系の部局に位置づけている例（大分市の企画部スポーツ振興課）もある[3]．近年の市町村組織は自治体ごとに独特な編成をしていることが多いため単純に類型化できないが，それぞれの自治体がスポーツの社会的価値として何を重視しているのかを間接的に知ることができるだろう[4]．

　主管部署がどこにあるかという形式的な問題以上に，スポーツの所管部署が教育委員会から長部局に変わったことが，自治体のスポーツ政策の展開にどの

表 1-1　都道府県のスポーツ所管部署（2022 年 7 月 6 日時点）

都道府県	組織名	都道府県	組織名
北海道	環境生活部　スポーツ局	滋賀県	文化スポーツ部
青森県	教育委員会（国民スポーツ大会関係を除く）	京都府	文化スポーツ部
岩手県	文化スポーツ部	大阪府	府民文化部　文化・スポーツ室
宮城県	企画部	兵庫県	教育委員会
秋田県	観光文化スポーツ部	奈良県	文化・教育・くらし創造部
山形県	観光文化スポーツ部	和歌山県	教育委員会
福島県	文化スポーツ局	鳥取県	地域づくり推進部
茨城県	県民生活環境部	島根県	生活環境部
栃木県	教育委員会＋国体・障害者スポーツ大会局	岡山県	環境文化部
群馬県	地域創生部　スポーツ局	広島県	地域政策局
埼玉県	県民生活部	山口県	観光スポーツ文化部
千葉県	環境生活部　スポーツ・文化局	徳島県	未来創生文化部
東京都	生活文化スポーツ局	香川県	交流推進部＋教育委員会（保健体育課）
神奈川県	スポーツ局	愛媛県	観光スポーツ文化部
新潟県	観光文化スポーツ部	高知県	文化生活スポーツ部
富山県	生活環境文化部	福岡県	人づくり・県民生活部　スポーツ局
石川県	県民文化スポーツ部	佐賀県	地域交流部
福井県	交流文化部　文化・スポーツ局	長崎県	文化観光国際部
山梨県	スポーツ振興局	熊本県	観光戦略部＋教育委員会（体育保健課）
長野県	教育委員会（国民スポーツ大会関係を含む）	大分県	企画振興部＋教育委員会（体育保健課）
岐阜県	清流の国推進部	宮崎県	商工観光労働部＋教育委員会
静岡県	スポーツ・文化観光部	鹿児島県	観光・文化スポーツ部
愛知県	スポーツ局	沖縄県	文化観光スポーツ部
三重県	スポーツ推進局		

出所）各都道府県のホームページをもとに筆者作成.

ような違いを生むのかが重要である．この点については，本書各章の検討を参考に改めて検討する必要があるだろうが，その検討の前提として，スポーツを直接所管していないが，スポーツ振興等に大きく関係する他の部局を確認しておく必要がある．

　自治体の中でスポーツに関連する部局としては，従来の教育委員会はもとより，次のようなものが指摘できる[5]．まず，スポーツを通じた健康増進を目指すという視点では保健部局が，障がい者のスポーツに関しては福祉部局の関わりが深いことはよく知られているところである．多くの人々がスポーツに親しめるように，地域でのスポーツ・クラブを育てていくとなると，コミュニティ（地域社会）担当部局の役割が重要になる．前述のスポーツの「場」に関わるという意味では，都市計画や建設・土木部局が挙げられる．スポーツ公園や競技場・体育館を整備する場合，都市計画で立地を定め，各種の建築関係の法令に基づいて建設しなければならない．スポーツ・イベントの開催やプロ・スポーツのチームを誘致するためには，地元の経済界の理解と協力が必要であり，経済振興政策の中でも位置づけていくことが必要であるため，産業・経済部局も関わってくる．それに関連して，スポーツ・イベントは観光振興の側面も大きいことから，観光に関わる部局（産業・経済部局の一部であることも多い）も関係が深い．

　上に挙げた各部局はいずれも長の直接的な指揮監督下にあるので，スポーツ所管部署も長の直接的なコントロールが及ぶ位置づけにすることは，スポーツ政策を総合的かつ組織横断的に展開する上で有利であると考えることができる．それゆえ，自治体がその有利な条件を使いこなして，地域住民，地域社会，地域経済にとって有意義なスポーツ政策を実際に展開することが課題である．

　例えば，スポーツに関連した取り組みに「地域スポーツコミッション」の設立を推進する動きがあるが，本当に地方のスポーツにとって有意義なものになるかどうかは，自治体の意識と努力しだいである．地域スポーツコミッションは，関西経済同友会のスポーツ・観光推進委員会が日本初のスポーツコミッションを大阪中心に関西に設置しようとしたことに端を発している［関西経済同友会 2007］．その動きを受けて，2011 年に観光庁に設置されたスポーツツーリズム推進会議も地域スポーツコミッションの推進をうたっていた．ここでいう地域スポーツコミッションとは，スポーツと景観・環境・文化などの地域資源を活用してまちづくりや地域活性化を目指し，自治体とスポーツ関係団体，

表 1-2　スポーツ庁による地域スポーツコミッションの要件

組織要件	
一体組織要件	地方公共団体，スポーツ団体（体協，総合型等），民間企業（観光協会，商工団体，大学，観光産業，スポーツ産業等）などが一体として活動を行っていること（実際には，一つの組織となっている場合や，複数の組織が協働している場合などがある）．
常設組織要件	常設の組織であり，時限の組織でないこと． ※組織の構成員の常勤・兼務は問わない．
活動要件	
対域外 活動要件	スポーツツーリズムの推進やスポーツ合宿・キャンプの誘致など域外交流人口の拡大に向けたスポーツと地域資源を掛け合わせたまちづくり・地域活性化のための活動を主要な活動の一つとしていること．
広範通年 活動要件	単発の特定の大会・イベントの開催及びその付帯事業に特化せず，スポーツによる地域活性化に向けた幅広い活動を年間通じて行っていること．

出所）スポーツ庁「スポーツを通じた地域活性化に向けて──地域スポーツコミッションの設立・運営の手引き──」p. 2（https://www.mext.go.jp/sports/content/20210513-spt_stiiki-000014700_2.pdf，2021 年 12 月 28 日閲覧）.

　観光事業者を中心とした地元経済界などが設置する組織をいう［スポーツ庁 2021a］が，実際の組織の中心になるのは自治体であることが期待されている．スポーツ庁の想定する地域スポーツコミッションには**表 1-2** のような要件を満たす必要があるのだが，もともと経済界と電通の主導で企画されたアイデアであることから概ね観光振興と地域（経済）振興を目的にすることになっているといえる．2021 年 10 月現在で全国に 177 団体ある［スポーツ庁 2021b］.

　この地域スポーツコミッションは，自治体の行政組織が組織横断的に関わり，さらに官民を問わずさまざまな組織・団体の協力のもとでスポーツの価値を活用しようとする取り組みといえる．このような試みがうまく機能するためには，スポーツ所管部局が一般行政組織として長の直轄となっている方が有利かもしれない．しかし，スポーツコミッションの基本的なアイデアや枠組みは東京資本の広告代理店主導で国が用意しているため，本当に地方にとって有意義なものになるかは，自治体がスポーツを通じてどのようなまちづくりをしようとするのか，スポーツを使って現状のどのような問題を解決しようとするのかということを明確にしている必要がある．そのためには，自治体の政策形成能力が高まらなくてはならない．その前提として，自治体が自律的に政策を展開できるようにする地方分権の推進が求められる．そこで次に近年の地方分権の動き

の特徴と課題を検討しておく.

3 地方分権の進展

　高度経済成長によって急速に発展した日本であるが，1970 年代後半からは経済成長が鈍化し，とりわけ 80 年代以降は国と地方ともに財政事情が悪くなった．福祉分野の支出が増大したことを特徴とする現代国家は福祉国家と呼ばれていたが，財政規模を縮小するために福祉分野の見直しを中心とする「ポスト福祉国家」が模索されることになった．また，少子高齢化の進展や東京一極集中の影響で多くの地方が社会的にも経済的にも疲弊してしまった．そのため，国（中央政府）のスリム化が喫緊の課題となった．そこで，地方のことは自治体に任せ，国は全国一律の対応をすべきことや，外交・国際問題・安全保障などに集中するべきだという考え方が強まった．このような考え方から地方分権の機運が高まった．地方分権が必要だとされた理由の一般的な整理は**表1-3** に示した通りである．

　具体的な動きとしては，1993 年に国会で「地方分権の推進に関する決議」

表1-3　地方分権の背景と理由

背景・理由	具体的内容
中央集権型行政システムの制度疲労	1947 年に新たな地方制度を構築したものの，いくつかの古い仕組みが残存し，高度経済成長期に集権化が進められた．部分的には分権的な改革も行われはしたが，これからの時代に対応するには不向きな部分が多くなっていた．
変動する国際社会への対応	グローバル化やボーダレス化があらゆる部門で進んでいることから，国は外交問題や安全保障などに資源とエネルギーを注ぎ込まなければならない．
東京一極集中の是正	人・モノ・カネ・情報などが東京一極に集中する一方で地方は疲弊している．これを解消するには，政治・行政上の決定権を地方に分散（移譲）することが必要である．
個性豊かな地域社会の形成	成熟社会では豊かさ，個性，ゆとりが実感されるべきであるが，そのためには固有の自然・歴史・文化をもつ地域社会の自己決定権を拡充することが必要となる．
高齢社会・少子化社会への対応	保健・医療・福祉・教育・子育てなどの対人サービスを中心とした公共サービスを適切かつ有効に提供するためには，住民に身近な基礎的自治体（市町村）の創意工夫が求められている．

出所）国立国会図書館インターネット資料収集保存事業 HP「地方分権推進員会　中間報告」(https://warp.ndl.go.jp/info:ndljp/pid/8313852/www8.cao.go.jp/bunken/bunken-iinkai/middle/index.html, 2021 年 12 月 29 日閲覧）をもとに筆者作成.

が行われ，95年には地方分権推進の取り組みの基本を定めた地方分権推進法，99年にはそれまでの地方制度や仕組みを大きく変えるための地方分権一括法が成立する．地方分権で目指されたことは，①国と地方の関係が「上下・主従」となっていたものを「対等・協力」の関係に見直すこと（第1次分権改革）と，②国が地方に対して課していた義務や枠付けなどを見直したり，国の権限や財源を地方に移譲したりすること（第2次分権改革）であった．詳しくは**表1-4**の通りである．

　地方分権によって制度や仕組みが大きく変わったことは重要であるが，それはあくまでも地方分権を進める上での必要条件であり，その結果として自治体の自律性が高まり，それぞれの地方の実態に合った政策が生まれるなどの効果が上がることによって地方分権の十分条件が満たされることになるだろう［真山 2001］．しかし，地方からの強い求めに応じて地方分権が徐々に盛り上がったというより，国の行政改革を進めるなかでの国と地方の役割の見直しとして登場してきたことから，地方分権としては不十分な面が多々ある上に，自治体側に地方分権を契機にして主体的に政策を生み出していこうという意欲が十分にあるとはいえない．

　実際，第1次地方分権改革で機関委任事務の廃止に伴い導入された法定受託事務は，国の自治体に対する関与の新たな仕組みを制度化したのではあるが，従来の機関委任事務に関わる法律の核心的部分が維持・継承されたという見解もある［金井 2007］．そのため，国と地方を通じて，従来とは根本的に変わったのだという意識を生み出してはいなかった．また，国がさまざまな分野に多くの法律を制定し，自治体が独自の条例によって規定する余地を狭めてしまっているという指摘もある［磯崎 2021］．もちろん，法定受託事務に関しては自治体の条例制定権限が及ぶのであるが，自治体の受け止めとしては，地方自治法第14条第1項により法令に違反する条例は認められないことをかなり厳格に解釈している傾向がある［北村 2003］．結局，自治立法が拡充するかどうかは，国が自治体の立法機能に対するコントロールをどこまで緩めるかに左右される部分が大きいことは否定できない［宮崎 2001］．つまり，自治体の行政だけでなく，議会も自律的に政策を生み出し，それを公定するための条例を意欲的に制定していこうという発想が強まっていない．言い換えれば，地方分権の成果が十分に体現していないのである．

　地方分権が進んでいるとはいうものの，自治体がその地域の実情・実態を十

表 1-4　地方分権改革の主な内容

第 1 次地方分権改革	第 2 次地方分権改革
1．機関委任事務制度の廃止と事務の再構成 ⑴知事や市町村長を国の下部機関と構成して国の事務を執行させる仕組みである機関委任事務制度を廃止（351 法律改正） ⑵これに伴い主務大臣の包括的な指揮監督権等も廃止（通達行政の廃止） **2．国の関与の抜本的見直し，新しいルールの創設** ⑴機関委任事務に伴う包括的指揮監督権を廃止 ⑵国の関与の新しいルールを創設 ・関与は個別の法令の根拠を要すること ・関与は必要最小限のものとすること ・関与の基本類型を定め，原則としてこれによること等 ⑶個別法に基づく関与を整理縮小（138 法律） **3．権限移譲** ⑴個別法の改正により，国の権限を都道府県に，都道府県の権限を市町村に移譲（35 法律） ⑵特例市制度を創設し，20 万人以上の市に権限をまとめて移譲 **4．条例による事務処理特例制度の創設** それぞれの地域の実情に応じ，都道府県の条例により，都道府県から市町村に権限を移譲することを可能とする制度 **5．その他** ⑴必置規制の見直し（38 法律） ⑵市町村合併特例法の改正	**1．地方に対する規制緩和（義務付け・枠付けの見直し）（第 1 次・第 2 次・第 3 次一括法等）** 第 2 次地方分権改革で見直すべきとされた 1,316 条項に対し，975 条項の見直しを実施 **2．事務・権限の移譲等** 検討対象（地方が取り下げた事項を除く）とされた 96 事項に対し，66 事項を見直し方針で措置（69%） ⑴国から地方 ・移譲する事務・権限（48 事項） ・移譲以外の見直しを行う事務・権限（18 事項） ⑵都道府県から市町村 勧告事項である 82 項目に地方からの提案等を含めた 105 項目に対し，72 項目の移譲を実施（69%） ⑶都道府県から指定都市 検討対象とされた 64 事項に対し，41 事項（現行法で処理できるもの（8 事項）を含む）を見直し方針で措置（64%） ・移譲する事務・権限（29 事項） ・移譲以外の見直しを行う事務・権限（4 事項） **3．国と地方の協議の場** 国と地方の協議の場に関する法律（H23.4.28） 地方に関わる重要政策課題について，地方と連携して対処していくため，同法に基づき引き続き運営

出所）内閣府 HP「個性を活かし自立した地方をつくる──地方分権改革の総括と展望──（資料編）」（第 1 次地方分権改革 https://www.cao.go.jp/bunken-suishin/doc/st_05_dai1ji-kaikaku.pdf, 第 2 次地方分権改革 https://www.cao.go.jp/bunken-suishin/doc/st_07_dai2ji-kaikaku.pdf, 2021 年 12 月 31 日閲覧）をもとに筆者作成.

分に考慮し，地域住民の意向を反映した政策を形成するようになるかどうかは，本書が焦点を合わせているスポーツの価値を地域の実情に応じて実現していけるか否かにも関わる．スポーツの振興によって地域社会をどのような姿にするのかについてしっかりとした合意を形成できるのか，あるいは地域の人々がスポーツに対して何を期待しているかを丁寧かつ的確に把握したスポーツ政策を展開できるのかが問われている．それゆえ，前述のように地方分権の時代の自治体の政策形成能力が問われるのである．

4 規制緩和と民間化

　ここまで見てきた地方分権が自治体に与えた影響を考える際に忘れてはならないことは，地方分権が国のスリム化の一環として登場し，それゆえ地方分権の推進をもっぱら目指したというより，自治体もスリム化することを求める行政改革の要素が多分に組み込まれていたことである．具体的には，地方分権を進めることと並行して，より端的には地方分権を進める前提として，規制緩和と民間活力の活用が唱えられてきたことである．欧米，特にアングロサクソン系の国々で注目された NPM（New Public Management：新しい公共管理）の影響のもとで進められた行政改革の一環であるため，例えば権限移譲なら単純に国から地方へ移譲するのではなく，まず「行政から民間への権限移譲」（行政の権限を廃止し，民間の自由な活動と競争に委ねる規制緩和）によって政府規模を縮小し，それでも残った行政の権限について国から地方へ移譲するという考え方になる．また，政府の活動量を削減するため，公共サービスの担い手をできるだけ民間に任せるという民間化[6]が推進されてきた．

　このような主張の背景には，行政は効率が悪くコスト意識が低いが，民間は競争に曝されているため高効率であることからより質の高いサービスが低コストで供給可能であると考える「民間信仰」がある．自治体は国の意向や社会の風潮を気にするあまり，とりあえず民間化を進めることを当然視しているきらいがある．住民にも民間の方に任せた方がサービスが良くなる，コストが下がるという思い込みがあるため，行政改革として民間化を推進する政治家の人気が高まる．

　もちろん，民間にも幅があり，営利企業も非営利組織も民間であることには変わりないが，両者の行動原理や組織目的は大きく異なる．また，利益や経済

効果が地元に還元されるような企業もあれば，他地域（多くの場合は東京である）に利益が吸収されるような企業もある．したがって，行政が直営で行うのか民間化するのか，民間に委ねるのならどのような民間組織を対象とするのかといった検討を慎重に行うことが重要である．このような検討は，本書のテーマであるスポーツ政策においても重要である．以下に，どのような検討が必要かを見ておく．

これまでは多くのスポーツ施設は自治体によって整備され，直営で管理運営されてきた．いわゆる公立の施設であった．そのため，比較的低料金で利用できたり，地元の利用者に優先使用権が与えられたりして，便利で使いやすいというメリットがあった．しかし今日，これらの公共施設はさまざまな問題に直面している．

施設の管理運営で赤字が生じることが多く，自治体財政の重荷になっている．そのため，管理運営に指定管理者制度を導入することが一般化してきた．この制度のもとでは，指定管理者となった者は収益を上げて管理運営コストの多くを賄わなければならない．民間企業が指定管理者になれば，企業としての収益を確保しなければならないのだが，アマチュア・スポーツやマイナー・スポーツの愛好家のニーズは利益を生みにくいので配慮されづらくなる．公立のスポーツ施設がどのような目的で整備されているかを確認して，指定管理者によってもその目的が実現できるのか，実現可能の場合でも実際に実現できているかどうかを誰がどのようにチェックするのか等の検討が必要であるが，指定管理者制度はそれを難しくしている［有本 2021］．地方のスポーツ施設における指定管理者の公募では，幸か不幸か民間企業の応募が少ない．むしろ，最初から非公募にしていることも少なくない．その結果，スポーツ協会（旧体育協会）などの公共性が高くスポーツとの関わりが強い地元の団体が指定管理者になっている例が多い．その場合，一見すると従来の管理業務委託時代と変わらないように思えるが，収益性や利用実績の向上などの目標達成が求められるため，従来通りの発想では運営できなくなる．ましてや，ある意味では「仲間」ないし「身内」である地元スポーツ組織を優遇するような対応は難しくなる．このような変化に注意を払い，指定管理者制度が地方のスポーツに対してどのような影響を与えるのかを慎重に検討する必要がある．

また，多くの公共施設が高度経済成長期に整備されたため，既に老朽化が進んで補修や建て替えが必要な施設も増えてきている．しかし，自治体の財政難

のために思うように補修や建て替えなどの対応ができていない．そのような状況から，スポーツ施設を整備するに当たって，民間の資金やノウハウが利用できる PFI（Private Finance Initiative）を利用することが検討されることが多い．PFI を使って首尾良く施設が整備されたとしても，本当に地域の利用者にとって使いやすい施設になるかどうかをしっかりと検討しておく必要がある[7]．さらに，2017 年の都市公園法の改正により新設された公募設置管理制度（パークPFI）も今後増加していくだろう．この制度を使うと，自治体にとっては都市公園整備における財政的負担を低減でき，管理運営の手間と費用も減らせるので好都合である．ただ，都市公園内の飲食店や売店などが公募対象公園施設となると，集客力を上げるために公園全体の性格付けが変わる可能性がある．それゆえ，地元の競技場利用者の希望が優先される保証はない．このことも，地方のスポーツ関係者（団体）にとっては悩ましい事態である．立派な施設が整備できて喜んでばかりはいられない．

　NPM 論の台頭により市場の競争原理や民間の経営手法が取り入れられてきたことにより，さまざまな公共サービスにおいて採算性が問われ，数字で表せる「成果」を求められるようになっている．そのような動きにただ流されるだけではなく，改めてスポーツの公共性や諸価値とは何かを問い直し，その価値を実現する責任や負担を負うのは誰かなどを十分に議論する必要がある．

おわりに

　地方分権が大きな社会的，政治的課題として取り上げられるようになって既に四半世紀以上の時が経過している．この間，地方制度に大きな変更が加えられたのは事実であるし，自治体の行政と議会の活動にも変化が見られる．しかし，自治体が自律的に政策を形成し，独自の創意工夫による実施（執行）を行うようになるという真の地方分権が実現しているかというと首肯しづらい．近年では，地方分権に代わって「地方創生」が使われることが多くなっているが，これは地方分権と違ってあくまでも一政権の政策から生まれた用語である．したがって，その意義や目指すところは政治的であり曖昧である．しかも，地方創生を進めるために国が地方にさまざまな枠付けや誘導を行っており，地方分権に逆行しているとさえいえる［真山 2021］．したがって，現在の地方自治の実態を正しく理解するためには，地方制度や法令の規定を検討することも重要

であるが，自治体の政策や計画がどのように作られ実施されているかを明らかにしなければならない．

　地域の問題を正確に把握しているのか，問題解決のための課題の設定は適切なのか，その課題達成のための政策手段は妥当なものか，それらの検討と決定の過程は民主的（住民の参加，透明性の確保などが実現しているか）かつ科学的（科学的，客観的根拠に基づく検討などが行われているか）であるかが問われる．また，決定された政策が想定通りに実施されているか，実施上の障害が発生したときに適切な対応がとられているかも重要である．そして，課題達成が進んでいるのか，問題解決に役立って地域住民の満足を得ているのか，想定外の副作用を生じていないのかについての分析と評価が行われ，適切にフィードバックされているのかについても検討が求められる．その結果，自治体がいずれも自律的かつ適切に進めているとすれば，初めて地方分権を進めた意義が見出せるといえよう．

　スポーツ政策についても同様である．スポーツの発展にとって，オリンピックやワールドカップなどのメガ・イベントを開催し，そこで活躍できるような競技力を向上させることが重要であることはいうまでもない．しかし，多くの人々にとって日常的に意義があるのは，いつでもスポーツに接することができ気軽に楽しめることであり，スポーツを通じて地域に活力が生まれることである．そして，そのような期待に応えるために自治体がスポーツに関する政策を決定するプロセスに，住民が容易にアクセスできることである．住民の期待に応えるスポーツ政策によって，スポーツを「する，観る，支える」人の裾が広がれば，スポーツに対する社会の理解が深まり，スポーツ振興や競技力の向上に関する取り組みにも支持が広がっていくだろう．それゆえ，地方分権の進展や新たな地方行政の制度や仕組みが，地域住民にとって有意義なスポーツ政策の展開につながっているかどうかの検討が重要になるのである．

注 》》》

1)　もっとも，「地方自治の本旨」を単純に住民自治と団体自治からなると説明しているものばかりではない．例えば，大森と大杉は，「地方自治の本旨」に当たる英語が「the principle of local autonomy」であることから，文字通り地方の「自律」であり，「行動選択における断固とした一貫性であり，自主的判断と選択の余地を前提」としたものであるとしている［大森・大杉 2021：64］.

2)　都道府県の場合，国民スポーツ大会・障害者スポーツ大会が開催される際に臨時的に

準備のための部署が設置され，そこにスポーツ所管部署が置かれたり，従来のスポーツ所管部署と共管にされたりすることもある．なお，教育委員会がスポーツ関係をほぼ全て所管しているのは長野県と兵庫県のみである．笹川スポーツ財団の調査以降，スポーツ所管部署を知事部局に置く例は増えている．

3) 各自治体のスポーツ所管部署名は 2022 年 7 月 10 日現在である．

4) 自治体がスポーツの価値をどのように捉えているかについては，自治体のスポーツ振興計画の分析を行った［中西 2012］が参考になる．

5) 少しでも関連のある部門を挙げると，ほぼ全ての行政組織がスポーツに直接・間接の関わりを持っていることになる．例えば，規模の大きな競技場や体育館であれば，消防法の規制を受けるので消防部門の関わりも生じるなど，範囲はどんどん拡大していく．そのため，ここでは直接的で強い関係がある部門のみを取り上げている．

6) 行政による直接執行や直営に代わる民間化の具体的手法としては，第三セクター方式や民間委託（業務委託）などが古くから採用されてきたが，最近では民営化，PFI，指定管理者制度などが採用されることが多い．

7) これまでにもスポーツに関連する研究の中で PFI についての検討が行われて来た．どちらかというとスポーツ施設整備などにおいて，PFI を利用することに対する期待が多いように思われる．例えば，［渡邉・川上 2018］は震災復興の一環で福島に大規模なスポーツ施設を整備するに当たって PFI 方式を利用することを提言している．また，［佐藤・柳沢 2003］は PFI を使ったスポーツ施設整備の課題を検討しているが，そこでの課題は PFI 方式それ自体の課題ではなく，PFI を利用しようとする自治体行政の理解や知識の不足が課題であるという指摘である．本章では，PFI を否定するものではないが，その利用については慎重な検討と分析が必要であることを強調しておく．

参考文献

有本新［2021］「自治体における政策決定と政策実施——公共施設の管理を題材に——」『同志社政策科学研究』23(1).

礒崎初仁［2021］『立法分権のすすめ——地域の実情に即した課題解決へ——』ぎょうせい.

大森彌・大杉覚［2021］『改訂版　これからの地方自治の教科書』第一法規.

金井利之［2007］『自治制度』東京大学出版会.

関西経済同友会［2007］「日本初のスポーツコミッションを大阪に——都市集客と都市マーケティング推進に向けて——」(https://www.kansaidoyukai.or.jp/wp-content/uploads/2016/09/070509suportskanko_teigen.pdf, 2021 年 12 月 28 日閲覧).

菊幸一・齋藤健司・真山達志・横山勝彦編著［2011］『スポーツ政策論』成文堂.

北村喜宣編著［2003］『ポスト分権改革の条例法務——自治体現場は変わったか——』ぎょうせい.

国立国会図書館インターネット資料収集保存事業 HP「地方分権推進員会　中間報告」

（https://warp.ndl.go.jp/info:ndljp/pid/8313852/www8.cao.go.jp/bunken/bunken-iinkai/middle/index.html，2021 年 12 月 29 日閲覧）．

笹川スポーツ財団［2015］「スポーツ振興に関する全自治体調査 2015」（https://www.ssf.or.jp/Portals/0/resources/research/report/pdf/report30_3-1.pdf，2021 年 12 月 25 日閲覧）．

佐藤悦久・柳沢和雄［2003］「公共スポーツ施設整備における PFI 方式導入の成果と課題」『体育・スポーツ経営学研究』18(1)．

佐藤英善［2002］「分権改革の意義と今後の理論的課題」佐藤英善編『新地方自治の思想——分権改革の法としくみ——』敬文堂．

スポーツ庁［2021a］「スポーツを通じた地域活性化に向けて ——地域スポーツコミッションの設立・連営の手引き——」https://www.mext.go.jp/sports/content/20210513-spt_stiiki-000014700_2.pdf，2021 年 12 月 28 日閲覧）．

スポーツ庁［2021b］「全国の地域スポーツコミッション所在状況」（https://www.mext.go.jp/sports/content/20211208-spt_stiiki-300000925-01.pdf，2021 年 12 月 28 日閲覧）．

内閣府 HP「個性を活かし自立した地方をつくる——地方分権改革の総括と展望——（資料編）」（第 1 次地方分権改革 https://www.cao.go.jp/bunken-suishin/doc/st_05_dai1ji-kaikaku.pdf，第 2 次地方分権改革 https://www.cao.go.jp/bunken-suishin/doc/st_07_dai2ji-kaikaku.pdf，2021 年 12 月 31 日閲覧）．

中川幾郎・松本茂章編著［2007］『指定管理者は今どうなっているのか』水曜社．

中西純司［2012］「『文化としてのスポーツ』の価値」『人間福祉学研究』5(1)．

真山達志［2001］『政策形成の本質——現代自体の政策形成能力——』成文堂．

——［2021］「『自治体戦略 2040 構想』の問題点——自治体の政策形成能力の観点から——」日本地方自治学会編『2040 問題と地方自治（地方自治叢書 33）』敬文堂．

宮崎正寿［2001］「地方分権改革と条例制定権」『地域政策研究』4(1)．

宮脇淳［2020］「指定管理者制度のジレンマと災害対応」『年報 公共政策学』(14)．

渡邉創史・川上祐司［2018］「福島のスポーツを変える！ スポーツ施設から始まる地域スポーツ産業の発展——PFI 式大型スポーツ施設の提案——」『スポーツ産業学研究』28(1)．

平塚卓也

第2章　スポーツにおける国と地方の役割

はじめに

　本章では，スポーツ政策に関して国と地方の政府間ではどのような役割分担がなされているのかについて述べる．まずは，国と地方の役割分担がなぜ重要なテーマとなり得るのかについて考えていきたい．

　政府は，政策実施にあたり重要な地位にあるが，もし，国（中央政府）及び自治体（地方政府）がこぞって同じ事務を処理しようとしたらどうであろうか．そこでは，当該行政活動の責任の不明確，二重行政による非効率等の問題が発生することになる．したがって，政府間において役割分担をすることが当然に求められてくる．

　他方で，政府間で役割分担をするとしても国と地方においてどのように役割分担をするのかが課題となる．ある事務を国の事務とするか，地方の事務とするか，あるいは，本来は国の事務としながら地方が当該事務を処理する場合の国と地方の関係などが歴史的に論点となってきたが，1990年代以降の地方分権改革では国から地方への権限の移譲が進められてきた．その背景には国よりも住民に近い地方で政策決定された方が，住民の選好が政策に反映されやすく，政府を監視する住民の目が届きやすいことや，分権化した方が地方政府間の競争や政策革新が生まれやすいことなどの理由があった［秋吉ほか 2015：256］．他方では国から地方への権限移譲をすることによって，国の行政のスリム化を目指すという方向性もあった．

　このように，地方分権化の流れのなかで政府間の役割が再定義されてきたという現状にある．そして，現在の日本における国と地方の役割分担については，地方自治法第1条の2にその基本的な考え方が規定されている．そこでは，国の役割として，「国際社会における国家としての存立にかかわる事務」，「全国的に統一して定めることが望ましい国民の諸活動」，「地方自治に関する基本的な準則に関する事務」，「全国的な規模で若しくは全国的な視点に立つて行わなければならない施策及び事業の実施」や「その他の国が本来果たすべき役割」が挙げられている．一方で，「住民に身近な行政はできる限り地方公共団体に

ゆだねることを基本」とされている．この規定は，1999年の地方分権の推進を図るための関係法律の整備等に関する法律（以下，地方分権一括法）による地方自治法の改正によって規定されたものであり，地方分権改革の趣旨を踏まえた現在地といえる．

　他方で，このような基本的な考え方はあるものの，本章が対象とするスポーツ政策における国と地方の役割が実際にはどのようになっているのかについては，やはりスポーツ政策を対象に個別に確認していく必要がある．以下では，第1に，地方自治法ではスポーツに関してどのように規定されているのか，第2に，スポーツに関する法令では国及び地方の役割はどのように規定されているのか，第3に，スポーツ政策の実施を裏付ける予算が国と地方にどのように配分されているのかについて歴史的変遷，現状，問題や課題を踏まえながら確認する．また，それらを踏まえながら中央地方関係という視角からスポーツ政策において国と地方は，どのような関係を構築していくべきなのかについて議論することとする．

1　地方自治法におけるスポーツに関する規定

（1）　地方分権一括法による地方自治法の改正前

　行政活動が法令に基づいて行われていることを踏まえれば，スポーツ政策における国と地方の役割を確認するためには，まず法令においてどのように規定されているかを参照する必要がある．また，戦後日本において自治体の組織及び運営に関する事項は地方自治法に一括して定められているので，国と地方の役割を確認するために，まず地方自治法の規定を確認したい．

　地方自治法においてスポーツに関する事項は，当初より教育に関する事項等の一部として内包されていたと解することができるが，「体育」又は「スポーツ」という用語が明確に規定されたのは，1961年6月16日のスポーツ振興法制定による地方自治法の一部改正によってである．同改正によって，地方自治法の別表第一に第三十四の二として「スポーツ振興法の定めるところにより，スポーツの振興に関する計画を定める等スポーツの振興に必要な事務を行うこと」が規定された．同法の別表第一及び第二は，都道府県や市町村が義務的に処理をしなければならない事務を掲げたものであるので，自治体がスポーツの振興に必要な事務を行うことが義務として明記されたことになる．

また，これは「自治事務」と呼ばれるもので，別表第三及び第四に掲げられた都道府県知事や市町村長などの地方公共団体の機関に処理義務のある「機関委任事務」と対比させて理解することが重要である．機関委任事務は，同制度等を通じて中央省庁が地方を統制しており，日本の中央地方関係が集権的であることの象徴とされ，そのような批判から地方分権一括法による地方自治法の改正によって廃止されたものである．つまり，国の法令によって，自治体にスポーツの振興に必要な事務を行うことが義務として明記されたのであるが，自治事務として位置づけられたため，機関委任事務に比べて，国からの関与の度合いは小さかったと理解できる．

　他方，別表第六「必置の職」に「体育指導委員」が，別表第七「必置の審議会等」に「スポーツ振興審議会」が規定された．詳しくは，次節において述べるが，これらは，「必置規制」と呼ばれる「自治体の事務処理の組織体制に対する国の立法的な関与」であった．しかし，必置規制は，「自治体の自治組織権，定数管理権，人事管理権を不当に制約している規制であるから，これは必要最小限度の範囲内に緩和されるべきである」とされ［西尾 2007：79-80］，地方分権改革において見直しが図られ，地方分権一括法による地方自治法の改正によって，これらの別表は削除された．

（2）　地方分権一括法による地方自治法の改正後

　1999年7月16日，地方分権一括法が成立すると地方自治法が改正され，別表は2つになり，第一及び第二には，「法定受託事務」が列挙されることとなった．法定受託事務とは，簡略に説明すれば，法令に基づいて国が本来果たすべき役割を都道府県，市町村又は特別区（東京23区）が処理する事務（第一号法定受託事務），あるいは，都道府県が本来果たすべき役割を市町村又は特別区（東京23区）が処理する事務（第二号法定受託事務）のことである．法定受託事務は，機関委任事務の廃止によって設けられたものであり，機関委任事務に比べれば国の関与は軽減したが，自治体が受託した事務を国の決定に従い執行することには変わりなく，「決定と執行の非対応」という特色が残っている［神野・小西 2020：34］．

　ただし，この別表にスポーツに関する規定はないので，スポーツに関する事務は「法定受託事務」ではなく，「自治事務」に分類されると解される．地方自治法第2条によれば，「自治事務」とは，「地方公共団体が処理する事務のう

ち，法定受託事務以外のもの」をいい，法律・政令により事務処理が義務付けられるものと法律・政令に基づかずに任意で行うものの別がある．

（3） 地方自治法におけるスポーツの位置

　地方自治法におけるスポーツの位置づけについて，まず事務の区分を見れば，地方分権一括法による改正の前後ともに自治事務として位置づけられてきた．スポーツに関する事務が機関委任事務又は法定受託事務ではなかったということは，国の決定に従い，自治体が国のスポーツに関する事務を執行するという関係ではなかったことを意味する．つまり，制度上では，自治体のスポーツに関する事務に対する国からの関与の度合いは小さいといえ，自治体は主体的に責任をもってスポーツに関する事務を行うことができる．他方で，必置規制について見れば，地方分権一括法による改正前は，体育指導委員及びスポーツ振興審議会についての規定があり，自治体のスポーツに関する事務処理の組織体制に対する国の立法的な関与が存在したが，地方分権一括法による改正によって弾力化，緩和された．

　以上をもって，ただちにスポーツ政策に関する中央地方関係について評価することは難しいが，スポーツに関する事務が自治事務として位置づけられていることは，他の行政領域に比較して集権的ではないとは言えるだろう．ただし，それは翻って見れば，国の事務においてスポーツがさほど重要な位置にはなく，全国一律なスポーツ政策を展開する必要がなかったということでもあろう．なお，スポーツは，他の公共政策のなかにも位置づけられているため，ここでの評価は，あくまで狭義の意味でのスポーツ政策についての限定的な理解になる．

　また，自治事務であっても国が法令で事務の執行を事細かに規定すれば，自治体は国の決定通りに執行せざるを得ない［神野・小西 2020：34］．したがって，やはり当該行政領域の法令について確認する必要がある．次節では，スポーツ基本法を参照して，スポーツにおける国と地方の役割を確認する．

2　スポーツに関する法令における国及び地方の役割

　スポーツ基本法では，第3条「国の責務」及び第4条「地方公共団体の責務」において，国と地方の役割に関して包括的に規定されている．第3条では，国は基本理念にのっとり，「スポーツに関する施策を総合的に策定し，及び実

施する責務を有する」と規定されている．第4条では，「地方公共団体は，基本理念にのっとり，スポーツに関する施策に関し，国との連携を図りつつ，自主的かつ主体的に，その地域の特性に応じた施策を策定し，及び実施する責務を有する」ことが規定されている．つまり，国には「総合的」な役割があり，地方には「自主的かつ主体的」で「その地域の特性に応じた」役割があるといえる．ただし，これらはあくまで抽象的な規定であるため，以下では，同法の構成を踏まえて，具体的に「行政計画の策定」，「基本的な施策」及び「推進体制」の観点から検討することにする．なお，「財政」に関する規定については第3節において後述する．

（1） 行政計画の策定をめぐる国と地方の役割

　スポーツ基本法では，第9条及び第10条において計画の策定について規定している．その要点をまとめれば，第9条は，文部科学大臣は，スポーツの推進に関する基本的な計画（スポーツ基本計画）を定めなければならないと規定しており，第10条は，都道府県及び市町村の教育委員会（又は地方公共団体の長）は，スポーツ基本計画を参酌して，その地方の実情に即したスポーツの推進に関する計画（スポーツ推進計画）を定めるよう努めるものとすると規定している．すなわち，国が基本計画を定め，地方がそれを参酌し，その地方の実情に応じた計画を定めるという関係にある．

　国と地方の役割を考えるにあたっては，この「参酌」という規定が重要な意味を持っている．「参酌」規定によって，地方が国の基本計画を参考に推進計画を策定し，国と地方のスポーツ政策の整合性を担保することを企図しているように思われる．たしかに，国のスポーツ政策を全国的に実施するという観点では，国と地方のスポーツ政策の整合性を保つことは重要なことである．また，現実的には，国はスポーツ政策を全国的に実施するにあたって，地方に依存せざるを得ない面もあるので，国が地方に対して参酌するように方向づけることとなる．しかし，国の法律によって，地方が参酌するよう努めることを規定することは，国が地方を統制することに繋がりかねず，地方の自律性との緊張関係を生む可能性がある．

　他方，推進計画の策定主体は自治体であるから，制度上，地方の自律性は確保されていると見ることもできる．あくまで「努めるものとする」という規定であり，自治体は，必ずしも「参酌」する必要はない．また，自治体が「その

地方の実情に即した」推進計画を策定することによって，むしろ，地方が国のスポーツ政策に対して影響力を持つ可能性をも内包している．

　つまり，スポーツ基本法における行政計画の策定に関する規定は，解釈レベルでは，一面として国が地方を統制する可能性があり，他面として地方が国のスポーツ政策に対して影響力を持つ可能性があり，国と地方の相互依存関係を緊密にする規定として理解できよう．

　では，この「参酌」という規定は，実際にはどのように機能してきたのだろうか．スポーツ基本法の当該規定に関する研究は見当たらないので，ここでは，スポーツ振興法における同様の規定に関する研究を参考としたい．沖村・徳山[2015] は，国のスポーツ振興基本計画の策定は，都道府県のスポーツ振興計画の策定を促したが，その内容については，国の計画と同じ構成の都道府県がある一方で，独自の内容を策定している都道府県もあり，「都道府県には自立的な意思決定を行う余地が与えられている」と指摘している．

　ただし，沖村・徳山の研究においては，2000 年 9 月に国のスポーツ振興基本計画が策定されて以降，2005 年までに 21 の都道府県が初めて計画を策定したことも明らかにされている．都道府県の 4 割程度が，これまでスポーツに関する行政計画を策定していなかったにもかかわらず，国の計画策定を受けると，それに追随するように計画を策定したという事実からは，上記の「自立的な意思決定を行う余地」という指摘には一定の留保が必要であろう．まさに，言葉のとおり「余地」があったということである．

　また，このようにスポーツ政策の決定における地方の自律性を示唆する研究成果があることは，一見，スポーツ政策の領域においても地方の実情に応じた政策決定がなされていると肯定的に評価できるように思われる．しかし，沖村・徳山[2015：28] は，「このような都道府県の自立性は，スポーツ振興政策の全国的公平性と鋭く対立するおそれがあり，両者の平衡をいかに保つかが今後の日本のスポーツ政策の大きな課題となる」とも指摘している．この指摘の背景には，都道府県の政策形成能力の重要性と格差の可能性という懸念があった．すなわち，都道府県の政策形成能力が低いためにスポーツ政策が縮小化する，あるいは，政策形成能力が高いがゆえに意図的にスポーツ政策を縮小化するという可能性である．

　スポーツ推進計画の策定状況について政策研究所[2017] の調査を見れば，都道府県では策定 43 地域，未策定 4 地域に対して，市区町村では策定 312 地

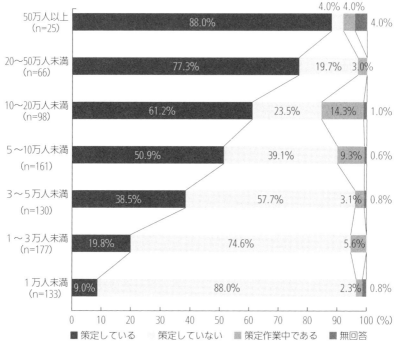

図 2-1 市区町村におけるスポーツ推進計画の策定状況

出所）政策研究所［2017：47］．

域，未策定 424 地域，策定作業中が 49 地域となっている．さらに市区町村について人口規模別にスポーツ推進計画の策定状況を示したのが，**図 2-1** であり，人口規模が大きくなるほど策定している割合が大きくなり，人口規模が小さくなるほど未策定の割合が大きくなっている［政策研究所 2017：46-47］．

　一般に人口規模が小さい市区町村は，職員数が少なく，政策を立案するための人的資源が不足していると考えられる．前述の沖村・徳山の指摘を踏まえつつ，市区町村におけるスポーツ推進計画の策定状況を見れば，人口規模が小さい市区町村では，政策形成能力の不足からスポーツ推進計画を策定できない，あるいは，他の政策領域を優先して意図的に策定していないという現実があると推察される．つまり，現状の行政計画の策定に関する規定は，スポーツ政策の領域において地方の実情に応じた政策決定を可能とする一方で，地域によってはスポーツ政策がそもそも決定されないという現実も引き起こす．

（2） 基本的な施策をめぐる国と地方の役割

　スポーツに関する基本的な施策をめぐる国と地方の役割は，どのようになっているのか．スポーツ基本法では，第 11 条から第 29 条において「基本的施策」を定めている．この第 11 条から第 29 条には，各条の項を含めれば，27 の条文があり，これらのうち主語が「国」，「地方公共団体」又は「国及び地方公共団体」のいずれかであるものは，23 の条文である．さらに，その内訳は，「国」が 12，「地方公共団体」が 1，「国及び地方公共団体」が 10 となっている（表 2-1）．

　同法において，国が単独で主語となっている施策は，「スポーツに関する紛争の迅速かつ適正な解決」，「スポーツに関する科学的研究の推進等」，「スポーツ産業の事業者との連携等」，「スポーツ行事の実施及び奨励」，「優秀なスポーツ選手の育成等」，「国民体育大会及び全国障害者スポーツ大会」，「国際競技大会の招致又は開催の支援等」，「企業，大学等によるスポーツへの支援」及び「ドーピング防止活動の推進」であり，競技スポーツに関するものが中心となっている．他方で，地方公共団体が単独で主語となっている施策は，1 つだけであり，「スポーツ行事の実施及び奨励」であった．同法においては，国の役割を規定することが中心になっているといえる．

　また，「国及び地方公共団体」の両者が主語となっている施策は，「指導者等の養成等」，「スポーツ施設の整備等」，「学校施設の利用」，「スポーツ事故の防止等」，「学校における体育の充実」，「スポーツに係る国際的な交流及び貢献の推進」，「顕彰」，「地域におけるスポーツの振興のための事業への支援等」，「スポーツの日の行事」及び「野外活動及びスポーツ・レクリエーション活動の普及奨励」である．このように，国と地方の役割分担が法律において明確に区分されているわけではない．国及び地方公共団体の両者が主語となっている規定は，国と地方の役割分担を不明瞭にし，現実のスポーツ政策の実施に関する責任主体を不明確化させている恐れがあるといえる．

　さらに，現実には，「優秀なスポーツ選手の育成」のように国が主体として規定されているものであっても，都道府県や政令指定都市等の大規模自治体において関連施策が盛んに展開されている場合がある．スポーツ基本法において想定されている役割分担が，そのまま現実に反映されているわけではないのが実態である．

表 2-1　スポーツ基本法の基本的施策に関する規定における主語

	施　策	主　語
第 11 条	指導者等の養成等	国及び地方公共団体
第 12 条第 1 項	スポーツ施設の整備等	国及び地方公共団体
第 12 条第 2 項		
第 13 条第 1 項	学校施設の利用	
第 13 条第 2 項		国及び地方公共団体
第 14 条	スポーツ事故の防止等	国及び地方公共団体
第 15 条	スポーツに関する紛争の迅速かつ適正な解決	国
第 16 条第 1 項	スポーツに関する科学的研究の推進等	国
第 16 条第 2 項		国
第 17 条	学校における体育の充実	国及び地方公共団体
第 18 条	スポーツ産業の事業者との連携等	国
第 19 条	スポーツに係る国際的な交流及び貢献の推進	国及び地方公共団体
第 20 条	顕彰	国及び地方公共団体
第 21 条	地域におけるスポーツの振興のための事業への支援等	国及び地方公共団体
第 22 条第 1 項	スポーツ行事の実施及び奨励	地方公共団体
第 22 条第 2 項		国
第 23 条	スポーツの日の行事	国及び地方公共団体
第 24 条	野外活動及びスポーツ・レクリエーション活動の普及奨励	国及び地方公共団体
第 25 条第 1 項	優秀なスポーツ選手の育成等	国
第 25 条第 2 項		国
第 26 条第 1 項	国民体育大会及び全国障害者スポーツ大会	
第 26 条第 2 項		
第 26 条第 3 項		国
第 27 条第 1 項	国際競技大会の招致又は開催の支援等	国
第 27 条第 2 項		国
第 28 条	企業，大学等によるスポーツへの支援	国
第 29 条	ドーピング防止活動の推進	国

注）主語が国又は地方公共団体に該当しないものは，便宜上，空欄とした．
出所）筆者作成．

（3） 推進体制をめぐる国と地方の役割

　スポーツ基本法ではスポーツの推進に関する体制について，第31条では，都道府県及び市町村にスポーツ推進審議会等を「置くことができる」と規定されている．また，第32条では，「市町村の教育委員会（特定地方公共団体にあっては，その長）は，（中略）スポーツ推進委員を委嘱する」と規定されている．

　これらの規定について理解するためには，スポーツ振興法からの流れを確認しておく必要がある．1961年のスポーツ振興法制定時，第18条ではスポーツ振興審議会を都道府県には「置く」とし，市町村には「置くことができる」としていた．また，同法第19条では，市町村に体育指導委員を「置く」としていた．「置く」という規定は，前述のとおり，必置規制と呼ばれ，自治体の事務処理の組織体制に対する国の立法的な関与であり，地方分権改革においては必置規制の緩和が1つの課題となっていた．

　1997年9月3日，地方分権推進委員会は，「第2次勧告」において必置規制の見直しを勧告したが，そこでは都道府県のスポーツ振興審議会及び市町村の体育指導委員に関しても取り上げられている．都道府県のスポーツ振興審議会については，組織，名称に関する必置規制を弾力化することとされ，体育指導委員については，職務上の名称に関する規制は存置する一方で，教育委員会が体育指導委員を「委嘱する」とされた．その後，これを踏まえて，地方分権推進計画の閣議決定，地方分権推進一括法の成立に至り，スポーツ振興法が改正された．1999年7月16日改正のスポーツ振興法では，第18条中「スポーツ振興審議会を置く」は，「スポーツの振興に関する審議会その他の合議制の機関を置くものとする」に改められ，組織及び名称に関する弾力化がなされた．また，第19条は，「市町村の教育委員会は，（中略）体育指導委員を委嘱するものとする」とされ，必置から任意設置となった．

　スポーツ基本法においても，このような必置規制の弾力化，緩和の流れが踏襲されているのである．なお，体育指導委員からスポーツ推進委員に名称変更された背景には，従来の住民に対するスポーツの実技指導や指導・助言という役割に加えて，行政と住民の連絡調整役としてのコーディネーターの役割が期待されるようになったためである［全国スポーツ推進委員連合 2014：12］．ただし，非常勤である点に変更はない．

　以上のように，地方のスポーツの推進体制については，国による立法的な関

与がなされてきたが，その関与は地方分権改革によって弾力化，緩和された．他方で，地方分権推進委員を務めた西尾は，体育指導委員の委嘱について，「この委嘱をすべての市町村に漏れなく義務付けるまでの必要はないのではないかと文部省と交渉を始めると，種々のスポーツ連盟の会長等に就任している政治家から抗議の電話が寄せられた」と述べている［西尾 2007：32］．体育指導委員については，非常勤という不安定な身分の改善への要望があったが，現実には任意設置となったことにより，その数は，1999 年の 6 万 2098 人から 2020 年には 4 万 9751 人へ減少している.[2]

　また，政策研究所［2017］の調査によれば，スポーツ推進審議会等の設置状況は，都道府県では全ての都道府県で設置されている一方，市区町村では，設置 371 地域，未設置 411 地域となっている．さらに，市区町村における設置状況について示したものが，図 2-2 である．前述のスポーツ推進計画の策定状況

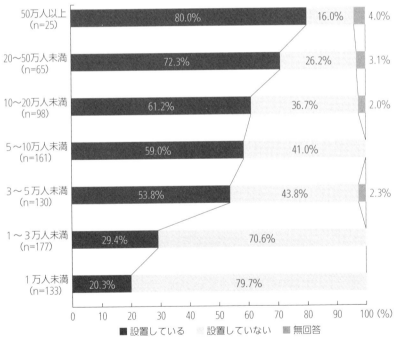

図 2-2　市区町村におけるスポーツ推進審議会等の設置状況

出所）政策研究所［2017：19］.

と同様に，人口規模が大きくなるほど設置している割合が大きくなり，人口規模が小さくなるほど未設置の割合が大きくなっている．なお，「平成24年度調査と比べると，傾向は同じであるが，20～50万人未満の市区町村を除いて，それぞれの人口規模において設置率はわずかに増加している」とされ，微増の傾向にはある［政策研究所 2017：17-19］．

　以上のように，スポーツ推進委員（体育指導委員）は，必置規制の緩和によってその数が減少してきた．他方，市町村のスポーツ推進審議会等については以前より任意設置であり，設置状況については微増の傾向にあるが，人口規模が設置状況に対して影響を与えていることは明白である．ただし，管見の限りでは，スポーツ推進委員の減少が地方のスポーツ推進にどのような影響を与えているのかについては判然としない．また，スポーツ推進審議会等に関する研究もほとんど見当たらないため，必置規制の弾力化，緩和についてスポーツ政策という立場からは評価し難いのが現状である．

3　スポーツ財政をめぐる国と地方の役割

（1）　国及び地方のスポーツ財政の現状

　まずは，国及び地方のスポーツ財政の現状を確認する．ただし，スポーツは，スポーツ推進を目的とした政策だけでなく，様々な政策の手段としても利用されているため，スポーツ関係経費は多岐にわたり，それらを正確に特定することは困難である．ここでは便宜的に対象を限定し，主たるものとして国についてはスポーツ庁の予算，地方については「地方財政状況調査」における都道府県及び市町村の体育施設費等を取り上げることとする．

　2019年度のスポーツ庁の予算は，総額304億413万9000円であった．その内訳は，スポーツ庁共通費13億96万7000円，初等中等教育振興費2511万円，私立学校振興費8000万円，スポーツ振興費84億6043万5000円，スポーツ振興施設費25億4075万4000円，独立行政法人日本スポーツ振興センター運営費179億6149万7000円，独立行政法人日本スポーツ振興センター施設整備費3537万6000円であった[3]．

　上記のとおり，予算額が最も大きいのは，独立行政法人日本スポーツ振興センター運営費であり，同費は，独立行政法人日本スポーツ振興センター（以下，JSC）への運営費交付金である．JSCの2019年度予算の収入の部について事業

別にみれば，運営費交付金は，スポーツ振興助成事業 85 億 1500 万円，国際競技力向上事業 48 億 9400 万円，法人共通 12 億 5800 万円，スポーツ施設運営事業 12 億 4900 万円，災害共済給付及び安全支援事業 12 億 1200 万円などに配分されている[4]．また，スポーツ庁の予算額で 2 番目に多いスポーツ振興費の内訳は，スポーツ参画人口の拡大に必要な経費 18 億 4069 万 5000 円，スポーツを通じた社会課題解決に必要な経費 18 億 5377 万 5000 円，国際競技力の向上のための科学的研究の推進等に必要な経費 21 億 2219 万 8000 円，国際競技力の向上に必要な経費 19 億 194 万 4000 円，公正・公平なスポーツの推進に必要な経費 7 億 4182 万 3000 円となっている．以上より，国のスポーツ財政においては，JSC を通じたスポーツ振興助成の経費や国際競技力の向上の経費を支出することが中心的なものであることが分かる．

　他方で，都道府県の体育施設費等とは，「体育振興の経費及び県民グランド等の建設運営に要する経費を計上[5]」したものであり，市町村の体育施設費等とは，「市民体育大会，体育振興の経費及び市民グランド等の建設，運営に要する経費を計上[6]」したものであり，地方のスポーツ振興費を把握する際に用いられている［沖村 2011］．2019 年度の体育施設費等は，都道府県単純合計 4041 億 9747 万 5000 円，市町村純計 5573 億 8881 万 1000 円，そして，都道府県と市町村の合計額から重複額を除した純計は，9494 億 2432 万 3000 円となっている[7]．

　沖村［2011］は，同費の 1997 年度から 2008 年度の推移を明らかにしているが，それによれば，1997 年度は都道府県 1753 億 6200 万円，市町村 7515 億 5500 万円，純計 8980 億 7000 万円であるのに対して，2008 年度は都道府県 879 億 9700 万円，市町村 4035 億 1800 万円，純計 4821 億 2400 万円であり，減少傾向であることが指摘されていた．しかし，上記のとおり，2019 年度についてみれば，1997 年度よりも増加しており，とくに都道府県の増加額が大きいことが分かる．もちろん，東京オリンピック・パラリンピック開催の影響を考慮する必要があるが，この十数年で地方の体育施設費等の傾向が変化してきたことは明らかである．

　また，地方の体育施設費等はその内訳が不明であるが，政策研究所［2017］の調査は自治体のスポーツ政策に関する予算の内訳を明らかにしている[8]．同調査によれば，自治体のスポーツ政策に関する予算の内訳は，**図 2-3** 及び**図 2-4**のとおりである．都道府県は，「スポーツ施設の整備関係費」が最も多く，市

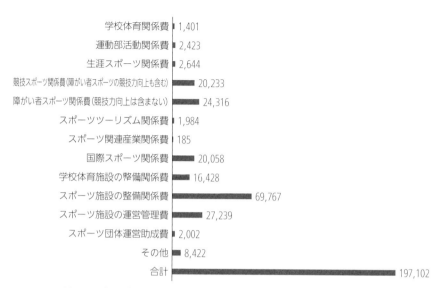

図 2-3　都道府県のスポーツ政策に関する予算状況（単位：百万円）

出所）政策研究所 ［2017：31］.

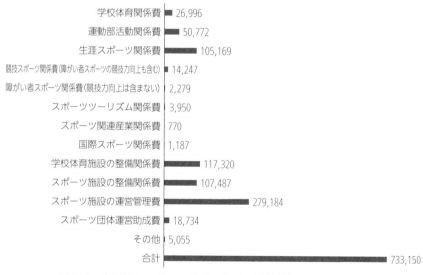

図 2-4　市町村のスポーツ政策に関する予算状況（単位：百万円）

出所）政策研究所 ［2017：35］.

町村は,「スポーツ施設の運営管理費」が最も多いという結果になっている.すなわち,地方のスポーツ財政においては,住民に身近なスポーツ施設の整備関係費やその運営管理費を支出することが中心的なものとなっている.

（2） 国から地方への財政移転

　自治体の財源には,自治体が自己の権限に基づいて調達する財源だけでなく,国から自治体に財政移転される財源がある.自治体が自己の権限に基づいて調達する地方税は,自治体によって相当差があるものの,歳入総額の30%後半から40%程度で推移しているとされ,日本の地方自治が「3割自治」と表現された背景でもある［神野・小西 2020：45］.また,国から地方への財政移転には,使途に制限のない一般財源と使途に制限のある特定財源の区分がある.一般財源の代表的なものは地方交付税であり,特定財源の代表的なものは国庫支出金である.

　スポーツに関しては,国から地方にどのように財政移転がなされてきたのであろうか.まずは,一般財源として財政移転された財源の中から自治体がその一部を自らの裁量によってスポーツ予算に充てる場合がある.他方で,スポーツ振興に使途が制限された特定財源として財政移転される場合もある.スポーツ振興法では,第20条第1項及び第2項において,国が地方公共団体に対してスポーツ振興に関する経費の一部の補助をすることが定められていた.具体的には,地方公共団体（又は地方公共団体の設置する学校）の設置する体育館等のスポーツ施設の整備に関しては経費の3分の1を,都道府県が行うスポーツ指導者の養成や市町村が行う青少年スポーツの振興事業に関しては経費の2分の1を,国民体育大会の運営経費に関しては経費の一部を補助することが規定されていた.そして,実際に地方スポーツ振興費補助金,国民体育大会補助金,社会体育施設整備費補助金,社会教育指導事業交付金（社会体育指導者派遣事業）などの国庫補助金によって財政移転が行われてきた.

　しかし,国庫支出金は,使途が制限されているため,自治体の政策を国が期待する方向に誘導するという側面があることが指摘されてきた.そのため,地方分権改革においては,国庫支出金の廃止,縮減,一般財源化などを図る整理合理化の方向性が打ち出された.さらに,2005年に政府・与党合意した「三位一体の改革」では,地方税,地方交付税,国庫支出金を一体的に改革し,国から地方への税源移譲を含めた国と地方の税配分の見直しが図られ,地方分権

改革と財政構造改革の流れが結びつきながら，国庫支出金の廃止，縮減，一般財源化などの見直しが進んだ．

　これらの改革によって，スポーツ振興に関する補助金も見直しが図られた．社会教育指導事業交付金（社会体育指導者派遣事業）は 1997 年度をもって廃止，国民体育大会補助金は 2003 年度から地方スポーツ振興費補助金に統合，社会体育施設整備費補助金は 2006 年度をもって廃止された［沖村 2011：15-18］．また，地方スポーツ振興費補助金は継続しているが，1997 年度の 19 億 9006 万 1000 円から，2019 年度には 8 億 1706 万 5000 円にまで減少している．他方で，2007 年度からはスポーツ振興事業委託費が新設されており，この委託先の一部に自治体も含まれている．同費は，国庫委託金であるため，自治体が負担する義務を負わない経費である．国庫支出金のうち国庫補助金は，自治体が経費の一部を負担するため，国が地方に対して個別事業を奨励するという関係であったが，国庫委託金の場合では，国が地方に個別事業を委託するという関係になる．すなわち，自治体は，事業実施のために経費負担を負わない反面，国の事業の実施機関として機能することになるという面もある．

　また，国の予算だけでなく，JSC のスポーツ振興くじ助成金を通じても自治体に助成が行われている．同助成金の対象は自治体及びスポーツ団体であり，2019 年度の配分額は 266 億 5339 万 2000 円であった．このうち「地方公共団体スポーツ活動助成」だけを取り上げても，その助成金額は，14 億 5027 万 3000 円であり，前述の 2019 年度地方スポーツ振興費補助金 8 億 1706 万 5000 円よりも規模が大きい[9]．

　以上のように，スポーツに関する国庫支出金は減少傾向にある一方で，JSC の助成金が一定の役割を果たすようになっている．国庫支出金には，自治体の政策を国が期待する方向に誘導するという側面が指摘されてきたが，今後は JSC を通じた自治体のスポーツ政策の誘導という点についても注視する必要があろう．しかし，全体をみれば，地方の体育施設費等に占める国庫支出金や JSC の助成金は一部にすぎないことから，自治体は一般財源を活用して自らの裁量によってスポーツ政策を推進しているといえよう．

おわりに

　中央地方関係論においては自治体の自律性が議論されてきた．本章において

スポーツ政策に関する国と地方の役割を概観してきた結果を結論から言えば，制度上ではスポーツ政策において地方の自律性は概ね確保されているといえよう．地方のスポーツに関する事務は自治事務として位置づいており，スポーツ推進計画の策定についても地方の自律性が示唆されている．また，地方分権改革によって，都道府県のスポーツ振興審議会や市町村の体育指導委員に関する必置規制の緩和が行われてきた．地方のスポーツ財政についても一般財源が中心であるだけでなく，国庫支出金の見直しも行われてきた．さらに，本章では触れることができなかったが，地方のスポーツ担当部局については，従来，教育委員会の所管であったが，2007 年の地方教育行政の組織及び運営に関する法律の一部改正によって，首長部局においてスポーツを所管することも可能となり，地方の選択の幅が広がっている．

　他方で，スポーツ政策に関して，制度上で地方の自律性が確保されていることは，実態として地方の自律性が発揮されていることを必ずしも意味しない．本章で確認したように，国が基本計画を定めると地方は追随するように計画を策定し始めた．また，人口規模の小さな市町村ほどスポーツ推進計画の未策定やスポーツ推進審議会等の未設置の傾向があった．さらに，スポーツ推進委員についても必置規制の緩和によってその数が減少している．これらの事実からは，地方が制度上で確保されている自律性を発揮し得るための資源を有しているのかが疑われる．

　また，仮に地方が自律性を発揮していたとしても，それは，地方においてスポーツ政策が推進されていることを必ずしも意味しない．人材不足や財源不足等を理由にスポーツ政策の優先度を低くすることもその地方の実情に応じた自律的な決定である．スポーツ政策を縮小することも地方の自律的な決定の 1 つであり，地方分権の推進とスポーツ政策の推進は，必ずしも同じ方向性ではない．換言すれば，スポーツ政策に関して地方の自律性と全国的な最低限の公平性は対立する場合があるといえよう．

　では，地方がスポーツ政策を推進する方向で自律性を発揮するにはどのようにしたらよいのであろうか．地方分権の流れを踏まえるならば，国の関与を期待するのではなく，自治体が自ら政策を決定，実施する必要がある．自治体がスポーツ推進計画やスポーツ推進条例等を定めて，計画的かつ総合的にスポーツ政策を推進することが期待される．しかし，前述のように自治体にはその資源が不足している場合も多々あろう．そうであるならば，自治体は，様々な民

間主体と連携し，スポーツ政策をめぐるネットワークを形成して課題を解決することが求められよう．また，その際には，多様なステークホルダーや市民を巻き込んだ議論も求められる．

　スポーツ政策という特定政策領域の立場から中央地方関係を論じる場合，スポーツ政策の推進という所与から離れることはできない．たとえ，地方の自律性が発揮されていても，それによってスポーツ政策が推進されないのであれば，スポーツの利害関係者はそれを支持できないであろう．むしろ，スポーツ政策の推進のため国に積極的な関与を要請することになり，地方分権の流れに逆行することになる．つまり，スポーツの利害関係者の立場からは，スポーツ政策の推進は揺るぎない是である一方で，地方分権の推進は常に是であるとは限らない．しかし，スポーツ政策の推進と地方分権の推進は必ずしもトレードオフの関係ではなく，両立させることは可能である．地方のスポーツ政策が充実すれば，スポーツの利害関係者が国の関与を求める必要性は低くなる．さらに，地方の自律性が発揮される方が，より良いスポーツ政策が実施されるのであれば，スポーツの利害関係者は，むしろ，地方分権を支持するアクターとなり得る．

　地方が自律性を発揮しつつ，スポーツ政策が推進されるという望ましい中央地方関係を実現させることは現実には難題である．今後もスポーツ政策に関する望ましい中央地方関係の実現に向けて，学術的にも実務的にもさらに議論や実践が蓄積される必要があろう．

注 》》

1) 本章では，「自治体」と「地方公共団体」の両方の用語を使用する．法令上は，「地方公共団体」の語が使用されるため，引用文や法令の説明の際は，「地方公共団体」の語を使用し，その他は，「自治体」の語を使用する．

2) 公益社団法人全国スポーツ推進委員連合「推進委員数の推移」(http://www.zentaishi.com/overview/tabid/78/Default.aspx，2022年2月21日閲覧).

3) 文部科学省「平成31年度文部科学省所管一般会計歳出予算各目明細書」(https://www.mext.go.jp/a_menu/yosan/h31/1413361.htm，2022年2月21日閲覧).

4) 独立行政法人日本スポーツ振興センター「令和元年度予算」(https://www.jpnsport.go.jp/corp/koukai/zaimu/tabid/193/Default.aspx，2022年2月21日閲覧).

5) 総務省自治財政局財務調査課「平成30年度地方財政状況調査表作成要領（都道府県分）」.

6) 総務省自治財政局財務調査課「平成30年度地方財政状況調査表作成要領（市町村分）

7)　総務省「令和元年度地方財政統計年報」（https://www.soumu.go.jp/iken/zaisei/tou
keiR01.html，2022 年 2 月 21 日閲覧）.

8)　なお，同調査は，調査方法や回答数が異なるため，上記の体育施設費等と比較はでき
ない.

9)　独立行政法人日本スポーツ振興センター「スポーツ振興事業助成ガイド（令和 4 年度
用）」（https://www.jpnsport.go.jp/sinko/Portals/0/sinko/sinko/josei-guide/R04_
1joseiguide.pdf，2022 年 2 月 21 日閲覧）.

参考文献 〉〉〉───────────────────────────────────

秋吉貴雄・伊藤修一郎・北山俊哉［2015］『公共政策学の基礎［新版］』有斐閣.

沖村多賀典［2011］「日本におけるスポーツ財政の中央地方関係に関する研究」『体育・ス
ポーツ政策研究』20(1).

沖村多賀典・徳山性友［2015］「スポーツ振興基本計画が都道府県のスポーツ振興計画に
与えた影響について」『名古屋学院大学論集. 医学・健康科学・スポーツ科学篇』4
(1).

神野直彦・小西砂千夫［2020］『日本の地方財政　第 2 版』有斐閣.

政策研究所［2017］「平成 28 年度スポーツ政策調査研究『地方スポーツ行政に関する調査
研究』報告書」.

全国スポーツ推進委員連合［2014］『スポーツ推進委員ハンドブック　生涯スポーツのコ
ーディネーター』昭和商事.

西尾勝［2007］『行政学叢書 5　地方分権改革』東京大学出版.

第**3**章　自治体におけるスポーツ政策ネットワーク

はじめに

　自治体（地方政府）は，国のスポーツ基本計画を参酌しながら策定した地方スポーツ推進計画にしたがって，住民のスポーツを「する・みる・ささえる」活動を推進すると同時に，スポーツ競技成績の向上，スポーツを手段として健康づくり，地域経済活性化，地域のブランディング等を行っている．こうした多様なスポーツ政策を有効に実施するために，政策の目的に沿って個別具体的な事業として施策化して予算を確保する．そして，事業実施の局面では，行政（教育委員会や首長部局）だけではなく，自治体に関連するスポーツ関連の外郭団体，競技スポーツを統括するスポーツ統括組織，さらには学校や民間企業，そして住民の組織したスポーツクラブなどが連携・協力することで政策目標が達成される．このように，自治体におけるスポーツ政策は，行政が地域・学校・産業界と連携して多様な組織・団体や個人が関与して展開される．このことから，これらの行政や民間組織がつくる政策ネットワークの構造や機能を理解しておくことは重要である．本章では，自治体のスポーツ政策の現状や課題を概観し，それぞれのスポーツ施策にみられる政策ネットワークについて，具体的な事例をあげながら論じる．

1　自治体のスポーツ政策の展開とそれに関わるアクター

　明治以来の日本の地方制度は，第1章で説明されているが，日本ではスポーツが公教育の対象として学校教育全般にわたる「体育」の内容として導入された経緯［菊他 2011：161-164］から，スポーツ政策は学校体育を担う教育委員会の施策として展開されてきた．また自治体のスポーツ政策は，国（中央政府）のスポーツ政策に影響される集権的な形で進められてきた．

　1999年には，地方自治法の改正によって「機関委任事務」が廃止され，地方分権が強く打ち出されるようになってきたものの，1961年に定められたスポーツ振興法では，その第4条において都道府県及び市（特別区を含む）町村の

教育委員会は，基本的計画を参酌して，その地方の実情に即したスポーツの振興に関する計画を定めるものとされていた．このことから，自治体は，2000年に策定された国のスポーツ振興基本計画を参酌しながら，地方の実情に即したスポーツの振興に関する計画を定めるようになった．その結果，自治体は自らの選択と責任に基づく主体的な地域づくりの一環として，創意と工夫を凝らしたスポーツ振興施策を推進することが期待されるようになった．

さらに，2007年の「地方教育行政の組織及び運営に関する法律」の改正により，スポーツに関する事務の担当部署について，従来の教育委員会から首長（知事，市町村長）部局に移すことが可能となった．これにより，自治体のスポーツ政策は文化，観光，地域経済，コミュニティ・生活環境などの教育以外の他政策分野と関係のある組織・団体との連携がいっそう進められることになった．加えて，スポーツ政策に影響を及ぼす保健・福祉，都市計画・土木などの政策にまで視野を広げれば，より多くの政策過程に関わる利害関係者が登場することになる．ちなみに，スポーツ政策の立案・実施といった政策過程に登場する利害関係者は，政策過程の研究ではアクターと呼ばれる．

一方で，スポーツ基本法の第31条に定められた「地方スポーツ推進計画その他のスポーツの推進に関する重要事項を調査審議」する審議会その他の合議制の機関（以下，スポーツ推進審議会等）のメンバーをみれば，その自治体で政策立案・実施に関わる組織・個人のアクターを大きくつかむことができる．例えば，2018年に策定された東京都スポーツ推進総合計画は，東京都スポーツ振興審議会の委員が審議したものだが，委員のメンバーは，東京都スポーツ推進委員，日本パラリンピアンズ協会，都議会議員，東京商工会議所（民間スポーツクラブ経営者），都町村会，私立中学高等学校協会，都市長会，都障害者スポーツ協会，都体育協会，大学教員（スポーツ社会学・スポーツビジネス・障がい者スポーツ・体育学），スポーツジャーナリスト，日本レクリエーション協会，医薬基盤・健康・栄養研究所，区長会，日本体育協会の肩書があるメンバーであった．2020年東京オリンピック・パラリンピック大会を控えた東京都だけに，議会，産業界，スポーツ界（障がい者スポーツやレクリエーションスポーツ含む），中学・高等学校関係，大学教員，健康・医療系研究機関などからメンバーが集められている．また，2019年に人口が都道府県で一番少ない鳥取県の県スポーツ推進計画を策定したスポーツ審議会委員は，学識経験者，学校体育，生涯スポーツ，障がい者スポーツ，競技スポーツに区分された枠に，県スポーツ協会，幼稚園，

医療法人，高等学校体育連盟，小学校体育研究会，スポーツ推進委員，民間企業経営者，県障がい者スポーツ協会，県競技団体からのメンバーが集まっており，大学や研究機関が少なく，スポーツ産業が低調な小規模の自治体でのスポーツ政策に関係するアクターの事例と言えよう．

2 ▶ 政策ネットワーク

（1） 政策ネットワーク論

　自治体のスポーツ政策の政策過程に登場するアクターには，実質的・権威的な政策決定機関である行政機関以外にも，政策に関わる地域・学校・企業などのステイクホルダーや議員の所属する政党などがあり，アクターは，相互に調整や協力をしながらスポーツ政策案の作成・決定・実施を行っている．こうした政策過程に登場するアクターが形成するネットワークをスポーツ政策ネットワークと言う．

　この政策ネットワークは，政策の作成・決定・実施をめぐって「資源の依存により相互に結びつけられ，資源依存構造の断絶によって他の群・複合体とは区別される組織の群・複合体」と定義［木原 1995：2］される．そして，この資源依存構造の資源には，アクターたちが自己の目的を達するために他のアクターたちに依存し，交換する一切の有形無形の資産，例えば，権限，金銭，情報，政治的正当性，組織などの一次的資源と，二次的資源として組織が保有している価値のある資源に変換させることができる資源変換能力がある［木原 1995：4］．

　このように政策ネットワークを構成するアクターは，相互に資源依存の関係にあるが，政策ネットワークのあり方には，ネットワークを構成するアクター間の資源依存の関係性の緊密さによってバリエーションがある．英国の政策の事例を分析した Rhodes & Marsh ［1992: 186-188］は，政策ネットワークを「政策共同体（ポリシーコミュニティ）」と「イシュー・ネットワーク」のタイプに分類している．この「政策共同体」は，限られた数の固定的な構成員によって構成され，構成員間の相互依存度が高い政策ネットワークである．このタイプの政策ネットワークの構成員はイデオロギーや価値観，政策選好を一定程度共有しており，互いに対する信頼・協力関係があり，それゆえ政策に対する合意が成立しやすい．一方，「イシュー・ネットワーク」は，参加の機会は多様なア

表 3-1　政策ネットワークの類型

次　元	政策共同体	イシュー・ネットワーク
1．構成メンバー (a) 参加者の数	数は非常に限定され，グループによっては意識的に排除	多数
(b) 利害の類型	経済的，専門的利害が支配的	影響を受ける利害関係者を包括
2．統合 (a) 相互作用	政策争点に関わるあらゆる事項について全てのグループ間の頻繁で高質な相互作用	接触頻度やその強度は絶えず変化
(b) 継続性	構成員資格，諸価値，成果の継続	アクセスは絶えず著しく変化
(c) コンセンサス	全ての参加者が基本的諸価値を共有し，成果の正当性を受容	合意の尺度はあるが摩擦の常態化
3．諸資源 (a) ネットワーク内の諸資源の配分	全ての参加者は資源を有し，基本的な関係は交換関係	ある参加者は資源を有するが，それらは制約され，基本的関係は協議による
(b) 参加諸組織内の諸資源の再配分	ヒエラルヒー的で，指導者は構成員に命令を下すことが可能	構成員を統制するための多様で変化しやすい資源分配や能力
4．権限	構成メンバー間の権限の均衡 1つのグループが支配可能であるにもかかわらず，共同体が存続するためにはポジティブサム・ゲームであることが不可欠	不均等な諸資源を反映した不均等な権限 ゼロ・サム・ゲーム

出所）〔Rhodes & Marsh 1992: 187, 邦訳 2011：127〕.

クターに開かれており，構成員の数も多く，イデオロギーや価値観等の共有もなく，構成員間の相互依存度は低いため，構成員間の信頼・協力関係は成立せず，合意よりも対立が起こりやすく，利益団体間の競争・交渉・妥協により政策が決まるタイプの政策ネットワークとしている〔京 2018：147〕(**表 3-1**).

　こうした政策ネットワークに注目して，政策の作成・決定・実施にあたっての公私のアクターが複雑な相互作用を行っているような現実の政策過程を説明する記述的概念として，また社会の現実的変化に応答するための規範的要請として 1990 年代に入ってから盛んに展開されている理論に政策ネットワーク論〔木原 1995：1〕がある．この政策ネットワーク論は，政策の作成・決定・実施をめぐる国家と社会，官と民，あるいは公的セクターと私的セクターにまたがる，ネットワーク的な相互依存のネットワーク構造に注目して，政策をめぐる

国家と社会の関係や，政策の持続と変容，あるいは政策領域ごとのアクター間の関係や政策帰結の差異などを記述・説明する理論枠組み［京 2018：146］として用いられる．また，政策ネットワーク論は，例外なくほぼあらゆる政策領域を対象とする研究に用いることができる［中村 2011a：128］とされる．そのため，スポーツ政策において観察されるアクターを特定し，それらが形成する政策ネットワークについても政策ネットワーク論によって分析することができる．

（2） 自治体のスポーツ政策に登場するアクター

　自治体のスポーツ政策の政策過程の政策ネットワークを観察するには，スポーツ政策に登場するアクターを特定しなければならない．そこで，都道府県や市町村の政策決定機関について行政から，周辺に視野を広げていくと，まずは自治体の首長，教育委員会の保健体育担当課，首長部局のスポーツ担当課，そして施策の予算を承認する地方議会がアクターになる．また，中央政府は自治体のスポーツ政策にも影響を及ぼすことから，中央政府のスポーツ庁をはじめとしたスポーツ政策に関係する省庁や，日本スポーツ振興センター（以下，JSC）のような独立行政法人，そして他の自治体の政策情報が政策決定に影響することもあるため，他の自治体もアクターとして考えられる．さらに，施策にはそれぞれ実施に関与する民間のスポーツ関連団体・組織といったアクターが存在する．

　例えば，都道府県や市町村の競技力向上の競技スポーツ施策であれば，自治体内部では，教育委員会の保健体育担当課，首長部局のスポーツ担当課がある．そして，都道府県の施策には，協力する市町村の施策を担当する部署がアクターになる．また，国の競技力向上施策と連動した施策であれば，スポーツ庁やJSC がアクターになる．さらに，施策を実施するために助成をしたり，事業委託したりする相手となる体育・スポーツ協会や各種競技団体や，競技者が活動する大学や地域スポーツクラブ，実業団であれば企業などもアクターになるだろう．また，中学・高校の運動部活動の強化のような学校教育が関与する施策であれば，その自治体で組織された高等学校体育連盟（以下，高体連），中学校体育連盟（以下，中体連）高等学校野球連盟（以下，高野連）もアクターとなる．

　また，市町村の生涯スポーツ政策であれば，前出のアクター以外に地域の町内会や社会体育団体，高齢者が対象であれば老人福祉団体もアクターに該当する．さらに，スポーツを手段として用いた健康関連政策では，保健・医療・福

祉を担当する部局や民間の保健医療関係の組織団体がアクターになる．その他，スポーツを通じた地域の活性化であれば，アクターとなる産業振興を担当する部局をはじめとした行政には限界があり，地域密着型のプロスポーツチームがアクターとして政策目的の一役を担う場合もあれば，当該地域に立地する企業がスポンサー活動などを通じて積極的にスポーツ活動を支援するケースもあり，スポーツ政策の目的を達成し，成功させるためには住民，企業，行政間での相互協力関係の構築によって形成される政策ネットワークが重要になる［中村 2011b：304］．

3　自治体のスポーツ政策の政策ネットワーク

　自治体の財政部局や総務部局の幹部職員として在職歴のある御園［2012：140-144］は，従来の自治体におけるスポーツ政策は教育委員会の学校体育や社会体育の政策にとどまり，他の政策と比較してその置かれた位置は，知事や市長などの首長が直接スポーツ政策を重要施策に据えない限り，重要性の高いものとは言えず，都道府県レベルのスポーツ政策は，教育政策としての学校体育の強化の側面と，社会体育である国民体育大会などの全国大会にむけての競技力向上という政策であったとしている．そして，教育委員会の予算の多くは，教員給与などの義務的経費に充当され，新規の政策経費の予算化は大変厳しいのが実態であり，新規で予算化されるものの多くは，国体や都道府県持ち回りの特定大会の強化目的ものであったとしている．
　そこで，本章では，これまでの自治体のスポーツ政策の中心になってきた社会体育である国民体育大会などの全国大会にむけての競技力向上のための競技スポーツ政策の政策ネットワークを具体例として紹介したい．

（1）　自治体の競技スポーツ政策への中央政府の影響

　戦後の自治体の競技スポーツ政策は，オリンピック招致を進める中央政府の競技スポーツ政策に影響を受けている．1957年の社会教育法の一部が改正され，日本体育協会に対する国庫補助が始まると同時に，自治体から都道府県体協への選手強化対策補助事業や体育大会派遣費などの補助金交付が開始された．1964年の第18回オリンピック大会の東京招致が1959年に決定すると，1961年にスポーツ振興法が成立した．スポーツ振興法には，第20条には地方公共

団体やスポーツ団体への国の補助が規定され，国からの補助金を受けた自治体の競技スポーツ施策の道が開かれた．東京オリンピック以降，日本のオリンピックでのメダル獲得数が減少傾向となり，1989年の保健体育審議会答申では，一貫指導体制の整備，国立スポーツ科学センターの整備，スポーツ医・科学研究などが，国の競技スポーツ施策として提言された．文部省は，一貫指導体制の整備をめざした都道府県競技力向上ジュニア対策事業で，都道府県教育委員会及び都道府県体協の実施する強化合宿やコーチの配置を支援し［日比野ら 2019：43］，都道府県教育委員会と都道府県体協は，ジュニア期からの一貫指導体制づくりを担うことになった．さらに，1997年の保健体育審議会答申で示された，地域における強化拠点整備事業が都道府県教育委員会及び都道府県体協を対象に，新たな補助事業として開始された［日比野ら 2019：46］．その後も，国際競技力の低下を受けて，2004年に JSC と日本オリンピック委員会（以下，JOC）との連携協力のもと，国は，福岡県（福岡県タレント発掘事業）とともに地域における競技者の発掘事業を開始した．このような国と自治体が連携したタレント発掘・育成事業は，他の自治体に波及している［久木留 2009：28］．2006年に改定された国のスポーツ振興基本計画が，「我が国の国際競技力の総合的な向上」を打ち出したため，都道府県の地方スポーツ振興計画は，スポーツ振興基本計画を参酌して具体的な「競技力の向上」を政策に採用したが，多くが国体などの全国大会における順位の向上を目指したものが多く見られる［成瀬 2011：73］．

　以上のことから，我が国の都道府県のスポーツ行政主管部局は，国の競技スポーツ政策を参酌して国の補助金を利用しながら，国体の順位をあげることを中心的な目的に，都道府県体協や都道府県競技協会に対して財政的な支援施策を用意し，少年種別の競技に対しては，地元の高体連・中体連と連携協働して高校や中学の運動部活動を支援している．2004年以降は，国際競技力の向上をねらう国，JSC，JOC と連携して，財政面や専門的な人材を中央競技団体から調達しながら，地元の都道府県体協や都道府県競技協会とともにタレント発掘・育成事業を展開するようにもなっている．これらからわかるように，戦後の自治体，とくに都道府県による競技スポーツ政策は，制度上は国際競技力向上をめざす中央—地方の関係で整備されてきたと言える．

（2） 国民体育大会開催県の競技スポーツの政策ネットワーク[1]

　地方行政の実務経験した森岡［2011：323-324］によれば，自治体の競技スポーツ政策は，全国的な規模での唯一の都道府県対抗の総合競技大会である国民体育大会を中心とした育成・強化策を都道府県体育協会と連携を図りながら推進しているが，その目的は国体での成績向上に一元化され，その施策が国体対応の場当たり的なものになっている［御園 2012：141-142］ともいわれている.

　本項では，Z県の国民体育大会における競技スポーツ政策を分析した高橋［2022：171-185］の研究から都道府県レベルの競技スポーツ政策にみられる政策ネットワークについて，21世紀に入ってから国体を開催したZ県の事例を紹介する.

　国民体育大会を開催する都道府県では，2018年の福井県，2019年の茨城県，2023年予定の鹿児島県，2024年予定の佐賀県，2026年予定の青森県などにみられるように，知事が体協の会長となり，「地方教育行政の組織及び運営に関する法律」[2]が改正される以前は，大会準備を教育委員会が事務局となって，また改正後は首長部局に置かれたスポーツ政策担当部署が事務局機能を担うケースがみられる.

　Z県は，「地方教育行政の組織及び運営に関する法律」が改正される以前に準備か開始されたこともあり，知事，副知事，教育庁の保健体育課，県議会とともに，県体協や県内競技団体の幹部が，国体開催前の施策を作成・決定するアクターであった．県議会議事録からは，知事，県議，保健体育課長は，国体の総合優勝という意識を共有していたことがわかっている．施策の実施には，保健体育課，県体協や県内競技団体，保健体育課が管理する県スポーツ科学センター，県内および県外から雇用された選手がアクターとして政策ネットワークを形成していた．一方，Z県では他県からアドバイスを受けたり，国の施策を他県と競争して誘導したりするようなことはなかったとされ，国や他の自治体は，政策ネットワークのアクターではなかった．Z県の政策ネットワークのアクターのなかでも重要なアクターは，施策のアイデアを知事や副知事，教育長に直接伝え，それが保健体育課に伝えられて施策に影響を与えていた当時の県体協の複数の幹部であったとされる.

　Z県の当時の県体協会長は，商工会議所会頭を務め，中央競技団体の会長でもあった．また，次期の県体協会長もこの会長の所有する実業団チームの部長

が就任している．県体協会長が民間出身であったこともあり，国体支援協議会の立ち上げを指示して県内企業から募金を集めて国体にむけた強化事業に利用した．他の県競技連盟理事長を務める県体協理事は，地元の実業家の選手の確保や県内定着に奔走し，施策の実施に民間の経営者感覚を取り入れた．このように，Z県では，県体協が主導して官と民が県民あげての国体開催をめざしたため，教育委員会以外に民間企業経営者などが政策ネットワークを構成した．

　一方，多様なアクターが参画した政策ネットワークは最初から機能したわけではない．Z県の当時の教育長は，地元財界人が務める県体協が中心の民間主導による強化の提案に対して「一瞬考えた」と座談会で話し，教育委員会は前例のない事態にどのような施策をしたらよいかについて話しあったとされる．そして，県体協理事も民間経営者の感覚と官の国体対策局とはギャップが当初から相当あったと述べている．このことは，競技スポーツ政策の立案の初期段階では，県の教育庁保健体育課と県体協の間の関係は，強化をしなければならないことはわかっていても，その方針が一致せずに摩擦が生じる「イシュー・ネットワーク」の様相を呈していたことを示唆している．しかし時間が経過すると，それぞれのアクターの持つ資源の調整がなされていく．教育委員会は，県体協に職員を派遣して人的資源を提供し，県体協は，地元企業による社会人選手確保のために幹部の多方面にわたる人脈という資源を強化施策のために提供していた．こうした両アクターの資源の交換によって，当初の保健体育課と県体協の「イシュー・ネットワーク」は，資源を相互に依存しあうことで，お互いが資源を提供し合って結果的にプラスになるポジティブ・サム[3]関係を構築する「政策共同体」へと変化していた．

　他方，地元財界の県体協幹部と知事・副知事は，競技スポーツ施策以外の面で政治的・経済的に協力関係にあったことから，両者の政策ネットワークは，最初から関係性の強い「政策共同体」であった．そのため，県体協幹部は，その他の政策ネットワークで築いた「政策共同体」の関係を活用して，知事や副知事に強化施策の提案を直接要望することができた．県体協幹部から提案をうけた知事・副知事は，独立委員会として知事・副知事のヒエラルキー下にはない教育委員会の保健体育課の施策の予算化を支援していた．このことは，知事・副知事，県内財界人の県体協幹部の関係性が，保健体育課を入れたポジティブ・サムの「政策共同体」を形成させることに寄与していた．

　また，Z県スポーツ振興議員連盟会長の県会議員が，県体協の副会長であっ

たため，県議会で「開催県として総合優勝をめざす」という機運をまとめていた．そのため，県議会でも，Z県スポーツ振興議員連盟をはじめとした県議会議員が知事・副知事と価値観を共有した「政策共同体」を形成し，競技スポーツ施策の予算は県議会で承認された．このことは，県議会も政策ネットワークのアクターとしてポジティブ・サムの関係をつくっていたことを示している．

　強化施策の実施局面では，強化現場を直接的に動かせないが，人的・資金的な資源を持つ保健体育課が，人的・資金的な資源を持たないものの現場で強化を実践する県スポーツ科学センターや県体協に対して，事業委託で資金を提供し，さらに教員出身の職員を県スポーツ科学センターに出向，県体協に派遣して，県スポーツ科学センターと県体協を人的にも支援した．保健体育課と県スポーツ科学センターや県体協は，資源を相互依存して，競技力向上の果実を得ており，ポジティブ・サムの関係が構築されていた．また，保健体育課は，社会人チームを強化拠点として指定する「社会人スポーツ強化チーム事業」や，県外の優れた選手・指導者を県体協で雇用したり，彼らを県内企業が雇用することを支援したりする「テクニカルアドバイザー事業」を新規に策定した．この制度によって，社会人スポーツチームを保有する企業は資金的に援助され，県外からの選手や指導者は，雇用先が確保されて生活の安定が得られた．優秀な選手や指導者のほしい県体協と，生活の安定を希望する県外の指導者や選手，社会人チームの活動支援を得たい企業は，この施策で資源を相互依存しつつ，両者に利益がもたらされる関係をつくることができた．

　以上のことから，Z県では，民間主導で国体強化を始めたために初期段階では，政策過程に関係する諸アクターの政策ネットワークは「イシュー・ネットワーク」の様相を示したものの，国体開催県として総合優勝をめざして競技スポーツ政策を作成・決定・実施する過程で，諸アクターが相互依存してポジティブ・サムの関係性を構築するような調整がなされ，政策ネットワークは「政策共同体」へと変容していた．

（3）スポーツ主管部局の首長部局移管による政策ネットワークへの影響

　2007年の「地方教育行政の組織及び運営に関する法律」（以下，地教行法）の一部改正によって，スポーツ主管部局が知事部局へ移管した地方自治体では，政策アクターが多様化した．石井ら［2013：50-59］は，スポーツ主管部局が知

事部局に移管した自治体と教育委員会に留めている自治体のスポーツ振興計画の策定にみられる差異を事例で比較している．それによると，知事部局に移管されたA県では職員が配置され，その職員の業務経歴にしたがって，様々な外部集団や庁内外の政策アクターとの多様な結びつきが築かれたのに対して，教育委員会に留めたB県では義務教育の校長が配置され，スポーツ行政のなかでも特に学校体育や地域のスポーツに関する外部集団や政策アクターと長期間に築かれた結びつきを持っていたことを紹介している．ただ，政策アクターからの支持を得るために，具体的などのように影響したかについては，政策アクターとの具体的な調整をより詳細に検討しなければならない．そこで，本項では，C県のスポーツ行政主管部局の移管前後の競技スポーツ政策における政策ネットワークの変化について，アクター間の関係性をどのように調整されたのかについて紹介したい．

　C県では，地教行法の一部改正があった2007年当時，政治的には知事の交代があり，県内の経済状況は悪化の傾向，さらに少子高齢化が進展するなど，政治・社会・経済的環境が急激に変化していた．また，C県では，国との交流人事で，保健体育課の職員を文科省に派遣する一方で，文科省の若手職員を保健体育課長として受け入れた．この政策アクターの交流人事による変化が，スポーツ行政主管部局の移管や，中央との新規の施策作成に影響している．具体的には，文科省出身の保健体育課長が，県内の体育教員出身の保健体育課長では荷が重い，スポーツ行政主管部局の移管というスポーツ行政機構の組織再編を保健体育課の課員とともに，知事部局の総合政策課等の関係部局との調整等に当たったことで，他県と比べて比較的に早い時期にスポーツ行政主管部局の移管が行われた．また，文科省に出向したC県職員が情報の媒介者となって，中央のJSCやJOCと連携した地域のタレント発掘・育成事業を，新規の競技スポーツ施策として作成することができた．C県の事例は，人事によってアクターを変化させることで政策イノベーションをおこさせた事例と言える．

　ただし，国と自治体の交流人事だけで，スポーツ主管部局の再編が簡単にできるわけではない．県議会の議事録によれば，C県では，前知事の時代から，すでに知事部局の総務企画部や県議会で，スポーツ主管部局の首長部局への移管の議論がなされていた．そして，県議会ではその時から，スポーツ行政主管部局の首長部局への移管によってスポーツ政策が首長部局と教育庁で「股裂き」状態になるとの懸念が出されていた．この県議会での懸念を払しょくする

ために，知事は移管先の首長部局のスポーツ振興課に学校教員出身の職員を配置し，スポーツ振興課と教育庁が管轄する学校スポーツの密接な連携を約束し，首長部局のスポーツ振興課に，スポーツ振興課長と課長級のスポーツ振興監のポストを設け，スポーツ振興課長は行政職出身の事務系職員を，スポーツ振興監は，保健体育教員出身者を配置する組織再編をおこなった．このスポーツ振興監という巧みなポストの設置と人事によって，スポーツ振興課は，保健体育課から学校体育やスポーツに対する知見をスムーズに得ることができ，一方の保健体育課は，知事部局のスポーツ振興課を通じて硬直化したスポーツ政策予算の増額要求が可能になった．このことは，首長部局のスポーツ振興課と教育庁の保健体育課が，政策策定や新規の予算獲得の面でお互いが得をとるポジティブ・サムの関係になっていることを示している．

しかしながら，施策の実施では，スポーツ主管部局の移管による課題もみられた．例えば，C県は，ジュニアを育成する地域スポーツクラブが未発達なため，国体の少年種別の得点を高めるために，学校部活動を活用するジュニア強化が必要であった．しかしながら，学校の強化拠点校を指定した強化施策は，学校間の不平等が指摘される可能性があるとして，教育の平等を重視する教育庁の保健体育課は，施策実施の担当となることを拒んだ．そのため，スポーツ振興課が強化拠点校に対する事業を県体協に委託し，県体協の事業として実施しようとしたものの，スポーツ振興課からの学校長に対する協力要請の文書は，所管の教育委員会から発せられた文書ではないとして，学校側が強化事業の協力要請に応じない事態が生じた．このことは，それぞれの行政部署の所管するアクターが，C県の競技スポーツ政策全体について協働しているわけではなく，それぞれの指揮命令系統でしか機能しない行政にみられる縦割りの構造を浮き彫りにしている．

このように，スポーツ主管部局の移管による再編によって，競技スポーツ施策の作成・決定・実施に関わるアクターが増加し，アクター間の連携が必要になるにも関わらず，アクター間の価値観の違いが表面化し，相互に依存関係の弱い「イシュー・ネットワーク」の状態が創出されていた．スポーツ主管部局の移管以降のC県の国体成績の低下は，競技スポーツ政策の政策ネットワークが「イシュー・ネットワーク」になっていたことも影響していると考えられる．

こうした「イシュー・ネットワーク」化したアクターの政策ネットワークを，

国体の成績低下を政策課題とする考えを共有する「政策共同体」へと調整するために，C県では，アクター間の関係性を調整するC県競技力向上連絡協議会を新設した．このアクターの集う連絡協議会によって，一時的にはアクター間の資源が相互依存を高める方向に働く施策が作成され，アクターはポジティブ・サムの関係を期待するものの，政策実施の成果としての国体の成績の向上が思わしくない現状では，本来は競技力向上に寄与する新規の施策策定や施策の変更が必要になっているものの，逆に「政策共同体」化したがゆえに，既存の施策に慣性が生じて施策の変更が難しくなっているとの指摘もされている．そこでC県では，新たにC県競技力向上連絡協議会のアクターに外部有識者を入れて相互依存度の低い「イシュー・ネットワーク」の状態に揺れ戻す取り組みもなされている．

4 スポーツ基本法制定以降の自治体スポーツ政策の政策ネットワーク

2006年に改定されたスポーツ振興基本計画の段階では，主に地域住民のスポーツ・運動活動の活発化を主眼としたものであり，地域の「経済」の活性化を含んだ総合的な地域の活性化ということに関しては念頭におかれていたものでもなく，また直接的影響を及ぼすところでもなかった［御園 2012：138］．しかし，2007年のスポーツ主管部局の首長部局移管によって，スポーツ政策を通じた，自治体住民の健康づくりや地域の経済活性化などの政策のアウトカムとしてまちづくりをめざしたスポーツ政策が，行政機構上は実質的に可能になった．さらに，スポーツ政策が「スポーツそのものの振興に留まるのではなく，スポーツの価値をより高い次元でとらえたうえで，スポーツを通して社会をよりよいものにしていくことを目指している」［河野 2011：9-11］ものにしたのはスポーツ基本法であり，スポーツ基本法によって，政策上の趣旨においても，スポーツによるまちづくりが正当化されるようになった．

こうした背景から意識されるようになった地域経済の活性化を目的としたスポーツ政策には，スポーツツーリズム政策がある．2010年に観光庁をはじめとする関係省庁，スポーツ団体，スポーツ関連企業，旅行関係企業，メディアなどから構成された「スポーツツーリズム推進連絡会議」が設置され，その後は日本スポーツツーリズム推進機構がスポーツツーリズム推進の官民連携のハ

ブとなっている．日本では，1980年代以降，レジャーの拡大によって，スキーが流行したり，スポーツをするために国内外を旅行したりするということも盛んになってきた．そして90年代以降には，長野オリンピックや2002年日韓ワールドカップなどの国際大会を含む大規模スポーツイベントの開催や，各地で市民向けのマラソン大会が開催されるようになり，スポーツイベントの誘致・開催以外にも，スポーツ合宿地（キャンプ地）としてプロスポーツチームや大学チームを誘致する動きがあった．これらスポーツによる地域活性化の政策ネットワークには，民間企業だけではなく，自治体もアクターとして関わってくる．特に，スポーツ主管部局が首長部局に移管された自治体は，スポーツ政策に，地域の活性化の視点を取り入れ，商工・観光政策を担当する部署もスポーツ政策のアクターに巻き込んで政策ネットワークが形成されるようになった．その結果，今日のスポーツ政策では，商工観光部局がこれまで束ねていた旅行代理店，ホテル，交通，商店街，イベント制作会社など商工・観光団体もスポーツ政策の政策ネットワークに参画するアクターになる．一方で，新しいアクターが増加することで，自治体のスポーツ政策の政策ネットワークは「イシュー・ネットワーク」の様相を呈する．そのため，スポーツ庁は，2015年から，① 地方公共団体，スポーツ団体（体協，総合型等），民間企業（観光協会，商工団体，大学，観光産業，スポーツ産業等）などが一体として活動を行っていること，② 常設の組織であり，時限の組織でないこと，さらに活動要件として，③ スポーツツーリズムの推進やスポーツ合宿・キャンプの誘致など域外交流人口の拡大に向けたスポーツと地域資源を掛け合せたまちづくり・地域活性化のための活動を主要な活動の一つとしていること，④ 単発の特定の大会・イベントの開催及びその付帯事業に特化せず，スポーツによる地域活性化に向けた幅広い活動を年間通じて行っていることの4つの組織要件をみたす組織を「地域スポーツコミッション」として，その活動を支援する事業を実施している．このスポーツ庁の地域スポーツコミッション事業は，スポーツを活用した地域活性化政策に関与する多様なアクターが形成する政策ネットワークを「イシュー・ネットワーク」から「政策共同体」へと導くための調整機能を担う政策とも言えるだろう．

　そのほか，1993年に開幕したJリーグ以降，近年のプロスポーツチームは地域に密着した活動を謳い，自治体との協働によって地域活性化に寄与する活動を行っている．自治体のスポーツ政策では，こうした地元をホームタウンと

するプロスポーツチーム（企業）を支援する施策も始められている．例えば，ホームゲーム観戦のための住民向け配布チケットを自治体が購入するなどの事業では，アクターのプロスポーツチームが民間企業であることもあり，特定の民間企業を支援する施策であると非難を受けることもある．そのため，反対派などのアクターにも配慮した政策過程が必要になる．中村［2011：306-309］が，地域密着型のプロスポーツチーム（リンク栃木ブレックス：現在は宇都宮ブレックス）と栃木県が連携する事業の事例を紹介しているが，そのなかでは，選手の知名度を利用した広報事業として，栃木県警察本部や栃木県選挙管理委員会が政策ネットワークのアクターとしてあることが紹介されると同時に，アクターとしてプロスポーツチームが積極的に仕掛けて，それを行政が追従する政策ネットワークの形であることを述べている．

　さらに，現在，国の進める2023年度の部活動改革による休日の部活動の段階的な地域移行でも，休日の中学生の運動部活動の代わりとなるスポーツ活動を提供する主体に関して，さまざまな組織がアクターとして自治体の政策に関りを持つことが予想される．国のレベルでは経済産業省が「地域×スポーツクラブ産業研究会」を2020年に立ち上げて，スポーツクラブを地域の政策アクターとして位置づけるための検討をリードしている．この検討会には，民間スポーツクラブ，総合型地域スポーツクラブ，県スポーツ協会，日本ラグビー協会，スポーツ指導者派遣会社，プロスポーツリーグ，海外サッカークラブ，有識者がメンバーになっており，議論の中では学校関係者が部活動の委託についても語っている．しかしながら，中学校の部活動に直接関係する中学校体育連盟は，運動部活動の地域移行の政策における当事者としてのアクターであるが，この研究会のメンバーにはなっていない．こうした中学校の運動部活動の地域移行の動きをはじめとする地域スポーツの在り方，そしてスポーツによるまちづくり，また愛知・名古屋アジア大会や札幌冬季オリンピックの招致などの国際スポーツ政策，大学スポーツ改革などの新たな国の第3期スポーツ基本計画の影響は，これからの自治体のスポーツ政策，学校体育政策に大きな影響を与えることは必至であり，自治体の内外から多様なアクタースポーツ政策に関心を寄せ，スポーツ政策が従来のアクターに留まらない「イシュー・ネットワーク」の状態に近々なっていくものと予想され，自治体のスポーツ政策の作成・決定・実施，さらには評価のためにもスポーツ政策ネットワークを観察することが求められるようになるだろう．

おわりに

　2020 年当初からの COVID-19 感染拡大によって，スポーツ政策は，医学的なエビデンスに基づいた感染症対策が求められるようになり，これまでになく医学関係者がスポーツ政策のアクターとして重要な位置を占めてきた．国の「第 3 期スポーツ基本計画」のなかで示された新たな視点は 3 つある．1 つ目は，社会情勢や個々人の置かれた状況に応じて，既存のスポーツの枠組みや考え方のみにとらわれることなく，それらを不断に柔軟に見直し・改善し，最も適切・有効な，あるいは個々の状況等に柔軟に応じた方法やルールを考え出したり，創り出したりするといった，スポーツを「つくる／はぐくむ」という観点である．この観点からは，今後，新たなアクターの増加が予想され，既存のアクターとの関係性が「イシュー・ネットワーク」の状態になってコンフリクトが生じることも考えられるため，アクター間の利害関係を調整し，互いの資源に依存しあう形へと調整することが必要になるだろう．2 つ目の視点は，「あつまり」，スポーツを「ともに」行い，「つながり」を感じるというもので，既存の区別や整理の仕方を所与の前提として固定的に捉えるのではなく，一人一人が置かれた状況や事情，特性等も踏まえ，様々な立場にある人々誰もが「ともに」活動し，「つながり」を感じながらスポーツを楽しめる社会の実現を目指し，環境の整備や機運の醸成をすることとされている．このことも，既存のアクターを前提としない政策ネットワーク形成が望まれることになる．最後の 3 つ目の視点は，スポーツに「誰もがアクセス」できるであり，スポーツに参画し，スポーツの価値を体感できるような社会を実現するためには，その前提として，性別，年齢，障害の有無，経済的事情，地域事情等，それぞれが置かれた状況によって，スポーツに取り組むことを諦めたり，望まずに途中で離れたりすることがないよう，全ての人がスポーツにアクセスできる社会の実現や機運の醸成を目指すことがめざされている．3 番目の視点から言えば，多様な存在を認め，多様性に対応するための政策立案・策定が必要になることから，政策ネットワークにおいても，施策の作成・決定，そして実施にできるだけ多様なアクターを参画させた「イシュー・ネットワーク」を形成するとともに，スポーツ政策を通して，諸アクターの相互の資源依存を高めるような関係性の調整を行っていくことが大事になると考えられる．こうした，スポーツ政

策の作成・決定・実施のための調整能力の高い政策ネットワークを形成することが今後の自治体行政には求められる．そのためには，自治体職員の個人の能力を高める不断の研修，人の異動による機会を創出する国や他の自治体，さらには民間との交流人事などのほかに，多様なアクターが集い，話をする協議会といったプラットフォームづくりなどが重要になってくると考えられる．

注 》》》

1) 国民体育大会は，2024 年に佐賀県で開催される第 78 回大会から名称が「国民体育大会（英称「NATIONAL SPORTS FESTIVAL」）」から「国民スポーツ大会（英称「JAPAN GAMES」）」大会に変更される．

2) 石川県は，2022 年 3 月の選挙で知事は交代したが，前知事が会長を務める石川県体育協会を含めると 2022 年では現職の知事が 47 都道府県中 15 の府県で体育・スポーツ協会の会長を務めている．

3) ポジティブ・サム（Positive-Sum）とは，「互いが利益を得る」という意味で，ゼロ・サム（Zero-Sum）は合計が変わらず一方の利益が他方の損失になるという意味．

参考文献 》》》

〈邦文献〉

石井十郎，松井くるみ，原田宗彦，兵頭陽 [2013]「スポーツ振興計画策定に「地方教育行政の組織及び運営に関する法律」の一部改正が及ぼした影響——スポーツ施策実施過程における計画段階に着目して——」『SSF スポーツ政策研究』2(1)，2012 年度笹川スポーツ研究助成 研究成果報告書，pp. 50-59.

河野一郎 [2011]「スポーツ基本法成立とわが国のスポーツのこれからの展開」『文部科学時報 10 月号』pp. 9-11.

菊幸一・齋藤健司・真山達志・横山勝彦編著 [2011]『スポーツ政策論』成文堂.

木原佳奈子 [1995]「政策ネットワーク分析の枠組み」『アドミニストレーション』，2(3)，pp. 1-37.

京俊介 [2018]「政策ネットワーク」松田憲忠・岡田浩編著『よくわかる政治過程論』146.

スポーツ庁 [2022] 第 3 期スポーツ基本計画答申．(https://www.mext.go.jp/sports/content/20220303-spt_sseisaku01-000021067_01.pdf，2022 年 11 月 29 日閲覧).

髙橋義雄 [2022]「地方公共団体の競技スポーツ施策の政策革新——Z 県の国民体育大会に向けた施策の事例研究——」，『スポーツ産業学研究』，32(2)，pp. 171-185.

中村祐司 [2011]「自治体におけるスポーツ政策ネットワーク」菊幸一・齋藤健司・真山達志・横山勝彦編『スポーツ政策論』，成文堂，pp. 303-309.

成瀬和弥 [2011]「スポーツの行政計画の実施」菊幸一・齋藤健司・真山達志・横山勝彦

編『スポーツ政策論』成文堂，pp. 67-74.

久木留毅［2009］「スポーツ政策における一考察――日本のエリートスポーツにおける一貫指導システムの問題と課題――」『専修大学社会体育研究所所報』57，27-36.

日比野幹生他［2019］「我が国のエリートスポーツ政策ネットワークの構造と変容：シドニーオリンピック競技大会からリオデジャネイロオリンピック競技大会までに着目して」『オリンピックスポーツ文化研究』4，pp. 37-59.

御園慎一郎［2012］「わが国の近年のスポーツ政策と地域活性化」『東邦学誌』，41(1)，pp. 141-142.

森岡裕策［2011］「自治体スポーツ行政の実務と課題」菊幸一・齋藤健司・真山達志・横山勝彦編『スポーツ政策論』成文堂，pp. 323-324.

〈欧文献〉

Rhodes, R. A. W. & Marsh, David［1992］"New directions in the study of policy networks," *European Journal of Political Research*, Kluwer Academic, 21, pp. 181-205（＝中村祐司訳「スポーツ政策ネットワーク」菊幸一・齋藤健司・真山達志・横山勝彦編『スポーツ政策論』，成文堂，2011年）

成瀬和弥

第4章　自治体におけるスポーツ政策体系

はじめに

　人々がスポーツに親しむ機会はさまざまに存在するが，その多くに自治体が関与している．具体的には，身近なスポーツ施設を整備したり，そのスポーツ施設を使用して，多種多様なスポーツ教室などを開催したりしている．スポーツ基本法第4条には，「地方公共団体は，基本理念にのっとり，スポーツに関する施策に関し，国との連携を図りつつ，自主的かつ主体的に，その地域の特性に応じた施策を策定し，及び実施する責務を有する」と規定されており，自治体は，スポーツを推進するための施策を策定して実施する責任があると定められている．では，自治体は何を基準にこのようなスポーツ政策を展開しているのであろうか．スポーツ政策を扱う部署の担当者が，その時々の市民からの要望に応じて決めているのであろうか．それとも前年度と同様の政策を踏襲して実施しているのであろうか．また，政策，施策，事業の間には，どのような関係があるのであろうか．

　現代の日本の行政では，中央地方を問わず，多くの分野で行政計画などによって基本方針が示され，その規範に基づいて行政活動が展開されている．つまり，場当たり的に政策を決定し，実施しているわけではない．本章では，自治体のスポーツ政策はどのような基準に基づいて構成されているのか，その構造を解説するとともに，その現状について論じる．

1　政策体系とは何か

　政策とは，問題を解決するための基本的な方針や具体的な手段ということができる．しかし，ただ単に具体的な解決策を羅列的に提示しているのではない．まずは，将来像や基本的な方針を示して目的を明確にし，その目的を達成するために政策目標を設定し，段階的に具体的な解決策を提示しているのである．一般的にこの段階的な過程は，政策，施策，事業という3層から示される．つまり，上記の政策の定義には抽象的なものである方針と具体的なものである解

決策が混在しているのである．政策には，狭義と広義の使われ方があり，狭義の意味の政策とは，この３層のうちのひとつということができ，広義の政策は，施策や事業といった一連の取り組みも内包したものとして使われる場合もある[1]．

　では，政策，施策，事業はそれぞれどのような性格を有しているのであろうか．まず「政策」では，問題を解決するための基本的な方向性が示される．そして，政策で示された大きな方向性をより具体的な方針に落とし込んだのが「施策」である．施策は，政策をより具体的な目標にしたものともいうことができる．さらに「事業」とは，施策として示された具体的な目標を実現するための具体的な手段や活動である［秋吉ら 2015：33］．このように，政策や施策は抽象的な表現となっており，事業はより具体的な内容となっている．つまり，政策，施策，事業という順に抽象的なものから具体的なものへと変換されていくのであり，広義の政策には目的と手段という関係が存在しているのである．政策という「目的」を達成するための「手段」として施策が設定され，さらにその施策の実現を「目的」として，事業という「手段」が提示される．このように政策は連鎖しており，階層性という特徴を有しているのである．この構造は政策体系とも呼ばれる．

　このような特徴を有する政策であるが，秋吉ら［2015：27-28］は，政策が示される具体的な形式として，①法律や条例，②予算，③計画，④命令，⑤政府首脳部の演説や発言という５点を指摘している．本稿では，このうち，法律や条例と計画を取り上げて自治体の政策体系について解説する．

2　スポーツに関する条例と計画

（1）スポーツに関する条例

　政策は，法律や条例によって表せられる場合がある．条例とは，地方公共団体において，その議会での決定を経て定められた法規のことである[2]．地方自治法第14条の２によると，地方公共団体が，何らかの義務を課したり，権利を制限したりする場合は，条例を定めなければならない．なお，法律は国会でのみ制定されるわけであるが，仮に法律と条例が抵触した場合は，法律が優先される［大橋 2002：57］．

　スポーツの基本的な理念などを定めた法律としては，スポーツ基本法がある．同法はスポーツに関する基本理念を定め，施策の基本となる事項を規定してい

表4-1　スポーツ基本条例を制定している都道府県

自治体	条　　例	自治体	条　　例
山形県	山形県スポーツ推進条例	三重県	三重県スポーツ推進条例
群馬県	群馬県スポーツ振興条例	滋賀県	滋賀県スポーツ推進条例
埼玉県	埼玉県スポーツ振興のまちづくり条例	岡山県	岡山県スポーツ推進条例
千葉県	千葉県体育・スポーツ振興条例	山口県	山口県スポーツ推進条例
神奈川県	神奈川県スポーツ推進条例	徳島県	徳島県スポーツ推進条例
新潟県	新潟県スポーツの推進に関する条例	愛媛県	愛媛県スポーツ推進条例
石川県	石川県スポーツ推進条例	福岡県	福岡県スポーツ推進条例
山梨県	山梨県スポーツ推進条例	大分県	大分県スポーツ推進条例
岐阜県	岐阜県清流の国スポーツ推進条例	鹿児島県	スポーツ振興かごしま県民条例

出所）吉田［2017］及び一般財団法人地方自治研究センターのHP「スポーツ振興・推進に関する条例」
　　　（http://www.rilg.or.jp/htdocs/img/reiki/041_Sports_promotion.htm，2022年2月1日閲覧）をもと
　　　に筆者作成.

る[3].　一方で，地方においても一部の自治体では，スポーツのための基本的な方針を条例で定めている．スポーツのための基本的な方針を定めた条例（以下，スポーツ基本条例[4]）は，法律によってその制定が自治体に義務付けられている訳ではなく，すべての自治体に存在しているわけではない．

　2022年1月現在，都道府県においては18の自治体でスポーツ基本条例を確認することができる（**表4-1**）.

　また，吉田（2017）及び地方自治研究センターによると，スポーツ基本条例を制定している市町村は，41自治体が確認されている（**表4-2**）.

　このように，都道府県においては38％の自治体が，市町村においては2％の自治体がスポーツ基本条例を制定している．都道府県と市町村は設置数に大きな違いがあるため，単純に比較することはできないが，都道府県では4割近い自治体がスポーツ基本条例を制定しており，市町村よりもその割合は多くなっている．スポーツ基本条例の制定が法的な義務がないにも関わらず，一部の自治体で制定されている理由としては，地方分権化が進み，地方独自で立法措置などによってスポーツ権を保障する機運が出てきたこと［吉田 2017：125-126］などが挙げられる[5].

　では，スポーツ基本条例はどのような条文で構成されているのであろうか．具体的な内容は，各自治体によって異なっているが，第一に，ほとんどの条例

表 4-2　スポーツ基本条例を制定している市町村

自治体	名　称	自治体	名　称
北海道倶知安町	倶知安町スポーツ振興条例[注1]	埼玉県ふじみ野市	ふじみ野市文化・スポーツ振興条例
北海道積丹町	積丹町スポーツ推進条例	千葉県市原市	市原市スポーツ振興条例
北海道京極町	京極町スポーツ振興条例[注2]	東京都葛飾区	葛飾区文化・スポーツ活動振興条例
北海道弟子屈町	弟子屈町スポーツ振興条例	東京都品川区	品川区文化芸術・スポーツのまちづくり条例
北海道赤井川村	赤井川村スポーツ振興条例	東京都町田市	町田市スポーツ推進条例
北海道黒松内町	黒松内町スポーツ推進条例	東京都中野区	中野区スポーツ推進条例
北海道恵庭市	恵庭市スポーツ振興まちづくり条例	長野県長野市	長野市文化芸術及びスポーツの振興による文化力あふれるまちづくり条例
北海道旭川市	旭川市スポーツ推進条例	長野県小諸市	小諸市スポーツ推進条例
岩手県盛岡市	盛岡市スポーツを通じた健康づくりの推進に関する条例	新潟県長岡市	長岡市スポーツ推進条例
秋田県横手市	横手市「スポーツ立市よこて」でまちを元気にする条例	静岡県小山町	小山町スポーツ振興条例
秋田県由利本荘市	由利本荘市スポーツ振興まちづくり条例	島根県出雲市	21世紀出雲スポーツのまちづくり条例
福島県矢吹町	矢吹町文化・スポーツ振興条例	石川県金沢市	金沢市スポーツ文化推進条例
福島県楢葉町	楢葉町スポーツ推進条例	愛知県春日井市	春日井市スポーツ振興基本条例
群馬県前橋市	前橋市スポーツ推進条例	三重県四日市市	四日市市みんなのスポーツ応援条例
埼玉県横瀬町	横瀬町スポーツ振興条例	滋賀県近江八幡市	近江八幡市スポーツ推進条例
埼玉県川島町	川島町スポーツ振興条例[注3]	大阪府池田市	池田市スポーツ振興条例
埼玉県長瀞町	長瀞町スポーツ推進条例	山口県下関市	下関市スポーツ振興のまちづくり基本条例
埼玉県秩父市	秩父市スポーツ振興条例	山口県柳井市	柳井市スポーツ推進条例
埼玉県東松山市	東松山市スポーツ推進まちづくり条例	福岡県宗像市	宗像市スポーツ推進条例
さいたま市	さいたま市スポーツ振興まちづくり条例	長崎県長与町	長与町スポーツ振興条例
埼玉県熊谷市	熊谷市スポーツ振興まちづくり条例		

注1）2011年の改正により，倶知安町スポーツ推進条例に改称．
注2）2012年の改正により，京極町スポーツ推進条例に改称．
注3）2012年の改正により，川島町スポーツ推進条例に改称．
出所）吉田（2017）及び一般財団法人地方自治研究センターのHP「スポーツ振興・推進に関する条例」（http://www.rilg.or.jp/htdocs/img/reiki/041_Sports_promotion.htm，2022年2月1日閲覧）をもとに筆者作成．

でその自治体のスポーツに関する責任と義務を規定している．自治体にはスポーツに関する施策を総合的に策定し，かつ計画的に実施する責務があるということを明記しているのである．第二に，その自治体が取り組むべきスポーツ施策の方向性を具体的に示している．例えば，生涯スポーツの振興，子どもの体力の向上，競技力の向上，施設の整備など，具体的にどのような方向で展開すべきか示している．

（2）地方スポーツ推進計画
① 策定状況

政策は，行政計画というかたちでも示される．現代の日本の行政では，国及び地方においてさまざまな分野で，計画が策定され，それに基づいて，施策が展開されている．行政計画の活用は，現代行政の普遍的な趨勢ということができる．

吉富［1972：64］は，行政計画とは，「行政理想と行政現実との中間にあって，行政理想を現実に媒介する手段の体系」であると論じており，行政計画は基本方針等で示された理念をいかに具現化していくのか，という段階のものであるということができる．つまり，その自治体のさまざまな分野の政策体系は，行政計画という形で示されることが多い．

国や自治体で行政計画が策定される根拠としては法律がある．現在，多くの分野において，基本法が策定され，その法律の条文で国に対しては基本的な計画の策定を義務付けし，自治体においては，国の計画を参考にしながら独自の計画の策定の推奨もしくは義務づけをしているのである[6]．

スポーツにおいては，スポーツ基本法第9条に，文部科学大臣はスポーツに関する基本的な計画（スポーツ基本計画）を定めなければならないと規定されている．この規定に基づき策定されたのが，スポーツ基本計画である．2022年4月には，第3期スポーツ基本計画が公表された．そして，同法第10条には，**表4-3**のように規定されている．

第10条は，自治体に対して，スポーツに関する計画を策定することを促す規定である．しかし，その条文は，主語の部分に括弧が複数入るなどとても長くなっており難解である．主語と述語に分けて読み解きたい．

まず述語を確認すると，「スポーツ基本計画を参酌して，その地方の実情に即したスポーツの推進に関する計画（以下，地方スポーツ推進計画）を定めるよう

表 4-3　スポーツ基本法第 10 条の条文

（地方スポーツ推進計画）

第十条　都道府県及び市（特別区を含む．以下同じ．）町村の教育委員会（地方教育行政の組織及び運営に関する法律（昭和三十一年法律第百六十二号）第二十三条第一項の条例の定めるところによりその長がスポーツに関する事務（学校における体育に関する事務を除く．）を管理し，及び執行することとされた地方公共団体（以下「特定地方公共団体」という．）にあっては，その長）は，スポーツ基本計画を参酌して，その地方の実情に即したスポーツの推進に関する計画（以下「地方スポーツ推進計画」という．）を定めるよう努めるものとする．

2　特定地方公共団体の長が地方スポーツ推進計画を定め，又はこれを変更しようとするときは，あらかじめ，当該特定地方公共団体の教育委員会の意見を聴かなければならない．

努めるものとする」となっている．地方では，国の計画を参考にしながらもその地方の実情に即したスポーツの推進に関する計画を定めることが，推奨されているということがわかる．前述の第 9 条では，文部科学大臣にはスポーツ基本計画の策定が義務付けられている一方で，地方ではその策定は努力義務となっている．そして，地方スポーツ推進計画は，「スポーツ基本計画を参酌して」定めるとあり，国の計画は参考指針という位置付けとなっている．それぞれの自治体がその実情に即した方策を自主的・自立的に展開できる余地を持たせた弾力性のある記述となっていると指摘できる．

　続いて，主語の部分である．主語には，誰が地方スポーツ推進計画を策定するかということが書かれている．条文を確認すると，第一に教育委員会が担当することになっていることがわかる．ただ，教育委員会だけが地方スポーツ推進計画を策定するのではなく，括弧内の部分を読み解いていく必要がある．第 1 章で解説した通り，自治体でスポーツを扱う部署は教育委員会もしくは長部局であり，このことは「地方教育行政の組織及び運営に関する法律」に規定されている．つまり，スポーツを扱う部署を長部局とした自治体は，教育委員会ではなく，その長（知事や市町村長）が地方スポーツ推進計画の策定に努めることとされているのである．なお，その自治体の長が計画を策定もしくは改定する場合は，当該自治体の教育委員会の意見を聴かなければならないとあり，教育委員会の関与を定めている．また，自治体には，地方スポーツ推進計画やそのほかのスポーツの推進に係る重要な事項を調査審議するために，審議会等（スポーツ推進審議会等）をおくことができるとされており[7]，スポーツ推進審議会等を設置する場合は，条例で定めなければならない．

　では，どの程度の自治体が地方スポーツ推進計画を策定しているのであろう

表 4-4　都道府県における地方スポーツ推進計画の策定状況

自治体	計　画	自治体	計　画
北海道	第 2 期北海道スポーツ推進計画	岐阜県	第 2 期清流の国ぎふスポーツ推進計画
青森県	青森県スポーツ推進計画	兵庫県	第 2 期兵庫県スポーツ推進計画
岩手県	岩手県スポーツ推進計画	奈良県	奈良県スポーツ推進計画（改訂版）
秋田県	第 4 期秋田県スポーツ推進計画	島根県	第 2 期島根県スポーツ推進計画
山形県	山形県スポーツ推進計画（改訂版）	石川県	石川県スポーツ推進計画 2021
宮城県	宮城県スポーツ推進計画	富山県	第 2 期元気とやまスポーツプラン
福島県	福島県スポーツ推進基本計画	福井県	福井県スポーツ推進計画
茨城県	茨城県スポーツ推進計画	鳥取県	鳥取県スポーツ推進計画
栃木県	栃木県スポーツ推進計画 2025	広島県	第 2 期広島県スポーツ推進計画
群馬県	群馬県スポーツ推進計画	岡山県	岡山県スポーツ推進計画（改訂版）
埼玉県	埼玉県スポーツ推進計画	山口県	山口県スポーツ推進計画
東京都	東京都スポーツ推進総合計画	愛媛県	愛媛県スポーツ推進計画
千葉県	第 13 次千葉県体育・スポーツ推進計画	高知県	第 2 期高知県スポーツ推進計画 Ver. 4
神奈川県	神奈川県スポーツ推進計画	香川県	香川県教育基本計画
山梨県	山梨県スポーツ推進計画	徳島県	徳島県スポーツ推進計画
新潟県	新潟県スポーツ推進プラン	大分県	第 2 期大分県スポーツ推進計画
長野県	第 2 次長野県スポーツ推進計画	福岡県	福岡県スポーツ振興基本計画
静岡県	静岡県スポーツ推進計画	佐賀県	佐賀県スポーツ推進計画
愛知県	いきいきあいち　スポーツプラン（改訂版）	宮崎県	宮崎県教育振興基本計画
三重県	第 2 次三重県スポーツ推進計画	熊本県	第 2 期熊本県スポーツ推進計画
和歌山県	和歌山県スポーツ推進計画	長崎県	ながさきスポーツビジョン
京都府	京都府スポーツ推進計画	鹿児島県	鹿児島県教育振興基本計画
大阪府	第 3 次大阪府スポーツ推進計画＊	沖縄県	第 2 期沖縄県スポーツ推進計画
滋賀県	第 2 期滋賀県スポーツ推進計画		

注 1 ）　すでに期間が満了を迎えた計画も含まれている.
注 2 ）　計画は期間が設定されており，その期間の満了が近づくと新たな計画（もしくは現計画の改定）がなされる. 本書の調査時点でも，すでに期間が満了した計画や新たな計画を策定中の自治体が多数あり，計画の策定状況は随時更新されている.
出所）　各自治体の HP をもとに筆者作成.

か．2022 年 4 月現在，すべての都道府県が，スポーツに関する行政計画を策定している（**表 4-4**）．

　このうち，44 の自治体ではスポーツの単独計画であり，3 自治体（香川県，宮崎県，鹿児島県）は，教育基本計画内でスポーツに関する事項を定めており，このスポーツに関する部分がスポーツ推進計画となっている．

　次に市町村の状況である．2018 年 10 月にスポーツ庁から公表された資料によると，2018 年 8 月時点で，全市町村 1741 自治体（東京 23 区を含む）のうち，1510 自治体（87%）で地方スポーツ推進計画が確認された［スポーツ庁 2018］．そのうち，政令指定都市 20 自治体のすべてでは，単独の地域スポーツ推進計画が策定されていた．また，政令指定都市以外の市町村（全 1721 自治体）では，545 自治体（32%）がスポーツ振興のための単独計画を策定しており，945 自治体（55%）がスポーツの単独計画ではないが，他の計画にスポーツを盛り込んでいた．231 自治体（13%）では，スポーツ振興のための計画は確認できなかった．

　このことから，都道府県や政令指定都市のような大規模な都市では，ほとんどの自治体でスポーツに関する単独計画が策定されていることが指摘できる．また，政令指定都市を除く市町村の半数以上は，スポーツに関する単独計画ではなく，他の計画にスポーツを盛り込んだものであった．さらに，スポーツをその自治体の行政計画に盛り込んでいない自治体も 1 割を超えて存在していることが明らかとなった．

② 計画の構成

　行政が担う仕事は，非常に広範で多岐にわたる．行政計画はスポーツのみならずさまざまな分野で策定されているが，それぞれの分野が，調整もなく勝手に活動するならば，自治体としての統一性が失われ，同一の自治体内で資源の奪い合いが起こり，効率も悪い．そこで，その自治体全体の行政活動を整理し，その自治体が行政運営を展開する上での，基本的な方針を指し示す必要がある．このため自治体では，総合計画を策定する場合が多い．総合計画は，基本構想，基本計画，実施計画から構成され，横断的かつ，中長期的な総合的な計画である［日本生産性本部 2016：7］．総合計画は，その自治体の行政活動全体の政策体系を示す場合が多く，総合計画によって，行政活動全体で，それぞれの部門別の計画はどのように位置づき，計画間の関係はどのようになっているのかということも確認することができる．

現在，自治体の多くは，まちづくりのための基本構想などを盛り込んだ総合計画を策定している．三菱 UFJ コンサルティング＆リサーチ［2021］の調査によると，基本構想を策定している自治体は 95.9％にのぼり，91.2％の自治体が基本計画を策定している．ほとんどの自治体で，基本構想や基本計画を策定しているといって良いだろう．現在は，自治体に対して基本構想などの総合計画の策定を義務付ける法律はないが，歴史的にみると市町村に対しては，2011年までは地方自治法で基本構想の策定を義務付けていた．この点について，竹内［2020］は市町村と都道府県に分けて以下のように説明する．市町村の計画は，戦前において都市計画を端緒として始まり，それが戦後の市町村合併に伴う市町村建設計画に引き継がれた．その後，1966 年に国土計画協会が自治省（当時）の委託を受けて「市町村計画策定方法研究報告」を策定し，同報告において，基本構想，基本計画，実施計画という 3 層構造が提案された．なお，この報告書で示された 3 層構造が総合計画の標準となったという［日本生産性本部 2016：8-9］．そして，1969 年の地方自治法の改正（第 18 次改正）で，第 2 条 5 項に市町村に基本構想策定の義務が課されたのである．しかし，2011 年に再度，地方自治法が改正され（第 34 次改正），基本構想の義務づけは廃止された．

　一方，都道府県においては，1950 年に制定された国土総合開発法第 7 条において，都道府県は，総合開発計画を作成することができるとされた．これを受けて 1956 年の地方自治法改正（第 12 次改正）により，第 2 条の都道府県の事務の例示の最初に「地方の総合開発計画の策定」が加えられた．このような経緯を経て，自治体では，総合計画が策定されるようになった．そのため，上述のとおり，現在は法的に策定の義務はないが，ほとんどの自治体で総合計画を確認できるのである．

　このように多くの自治体では，総合計画が策定され，さらに必要に応じて部門別の個別計画が策定されるという政策体系が構築されている（図4-1）．自治体全体の政策体系の中で，スポーツが位置付けられると，次に，スポーツ分野の政策体系を示す必要性が生じ，スポーツ推進計画などでスポーツ政策体系が示されるのである．したがって，スポーツの単独計画を策定している自治体においては，スポーツ推進計画は総合計画で示された基本方針に則したものになっており，スポーツ分野の個別計画であると位置付けられるのである．行政計画は，政策理念を現実社会に体現する方策を体系的にまとめたものである．スポーツ推進計画は，スポーツの分野だけで完結するのではなく，その自治体

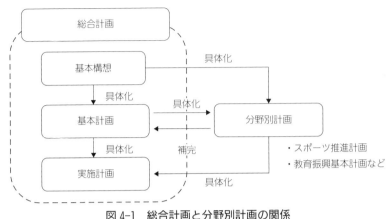

図 4-1　総合計画と分野別計画の関係

出所）佐藤［2011：39］の図をもとに筆者作成.

全体の基本理念を具体化したということができるのである.

　政策体系は行政計画などを通して表されるが，行政計画は，限られた経営資源を調整し適切に配分させるという機能を有している．長期的な経済の低成長や少子高齢化による人口減少，大規模自然災害の頻発，社会インフラの老朽化など自治体を取り巻く環境は非常に厳しい．こうしたなかで自治体は限られた資源のもとでの行政活動を余儀なくされている．行政課題が山積しているなかで，人的，財政的にもすべての課題に対処することは不可能に近い．優先順位をつけ，資源を適切に配分し，政策目的を最大限実現できるように戦略的に活動していかなければならないのである．そこで必要となるのが行政計画である．行政計画は，膨大な行政課題を整理し，順位づけをするという機能も有しているといえよう.

　また，計画は未来を想定するものであり，未来の行政などの行動を体系的にまとめ，提案したものであるともいえる［西尾 2007：198］．では，どのくらい先の行動を予測したものであるのか．行政計画では，計画の期間という形で具体的な将来が示される．2000 年台初頭までは，スポーツ推進計画の多くは計画の期間が 10 年間程度のものが多かった．つまり，10 年後の姿が想定されていたということである．しかし，近年では，5 年間程度とした計画も増えている．計画を策定する際は，未来の状況についての予測や展望が前提となるが，人工知能など様々な情報技術が進化した現状でも，未来の社会事象について正

確に予測することは非常に困難であると思われる．また，社会情勢の変化の速度が増しており，諸課題に臨機応変に対応するため，計画の期間が短くなっていることが推察される．なお，計画の期間の満了を迎えた，もしくは満了に近づいた場合は，計画の実施状況を評価し，既存計画の改定もしくは新規の計画の策定が行われることが多い．

　計画を作成するためには，未来を想定すると同時に，現在の状況を正しく把握する必要がある．現状を把握し問題を浮き彫りにしなければ，未来の理想とする姿を描き出すことができないからである．現状が理想状態とは違うということを認識することで，問題が生まれる．つまり，計画をつくる上では，現状を正しく把握することも重要である．

　では，スポーツ推進計画では，具体的にどのような施策が提示されているのであろうか．スポーツ推進計画は，スポーツ基本法第10条でも規定されているとおり，地方の実情に即して策定されるものである．したがって，実情や理念は自治体ごとに異なるため，計画で打ち出される施策も自治体に応じて異なっていることが想定される．しかし同時に，同条ではスポーツ推進計画は，国の計画を参酌して策定するよう努めるものとされてもいる．この「参酌」するという規定は，国と地方の相互依存関係を一層緊密にするものである一方で，国による地方のコントロールとも解すことができ，地方の自律性と強い緊張関係を生むものと推察できる．スポーツ推進計画を策定する上で，地方は，どの程度，国の計画の内容を踏まえているのか．この点を研究することは，スポーツ政策における中央地方関係を考える上で，非常に重要であろう．

　地方スポーツ推進計画の内容を精査すると，以下のことが指摘できる．第一に，スポーツ推進計画は，生涯スポーツ政策を中心に構成されている．地方自治法でも規定されているが，自治体は市民に身近な行政を担当する．したがって，スポーツにおいても，市民が日常的にスポーツに親しむことができるようにする施策を多く展開するようになっているのである．第二に，競技スポーツ政策も記載されている．スポーツ基本法では，優秀なスポーツ選手の育成は国の役割とされている[8]．しかし，一部の自治体，特に，都道府県や政令指定都市など大規模な自治体を中心に，タレント発掘事業などの施策を提示している．第三に，他の自治体にはない独自性の強い施策打ち出していることがある．例えば，山や海など自然環境や気候などその自治体の特徴を生かした施策や古武道などその土地に伝統的に伝わるスポーツの推進といった施策が挙げている自

治体も確認することができる.

③ 自治体のスポーツ政策体系の実際

では実際に自治体では,どのようなスポーツ政策体系が構築されているのであろうか.三重県を例に取り上げ,三重県のスポーツ政策体系をみていく.三重県は,スポーツ基本条例と単独のスポーツ推進計画の両方を策定している.

2012年4月に三重県は,2012年度からの概ね10年後を見据えた総合計画である「みえ県民力ビジョン」を公表した.三重県は,同ビジョンにおいて「県民力でめざす「幸福実感日本一」の三重」という基本理念を打ち出しており,この理念の実現のため,4年間の行動計画を策定し,2020年4月からは,第3次行動計画が運用されている.同ビジョンは,「Ⅰ 守る」「Ⅱ 創る」「Ⅲ 拓く」という3項目から構成されており,スポーツは「創る」という項目の中に位置付けられている.つまり,このことからスポーツは,基本理念を実現するための三重県が展開する政策として据えられたということができる.

続いて,スポーツ自体の政策体系である.2014年12月に,三重県は三重県スポーツ推進条例を公布した.第2条には,三重県がスポーツの推進を図るうえでの基本理念が示されている.三重県が示した基本理念は,以下の通りである.第一に,スポーツの推進を図る際はスポーツの多様な価値を三重県民が公平かつ公正な環境で享受できるようにしていかなければならない.第二に,年齢,性別や障がいの有無などの差別なく,すべての県民が自らの意思でスポーツに親しめるようにしなければならない.第三に,スポーツは,県だけでなく県民,市町やスポーツ団体など多様なアクターが参画し連携して推進されなければならない.

この基本理念を達成するために,第3条において基本的な政策として,5項目が提示されている.① 子どもの体力の向上及びスポーツ活動の充実,② 地域におけるスポーツ活動の推進,③ 競技力(スポーツに関する競技水準をいう)の向上,④ 障がい者によるスポーツ活動の推進,⑤ スポーツを通じた地域の活性化である.三重県は,第2条で示した基本理念を具現化するために,上記の5項目を基本的な政策として掲げ,それぞれの項目に準じた施策を展開することとしている.そして,第4条第1項で,「県は,スポーツの推進に関する基本理念及び基本政策にのっとり,スポーツの推進に関する施策を総合的かつ計画的に推進する責務を有する.」と規定し,県の責任と義務を明示した上で,

第 16 条において，知事がスポーツの推進に関する基本的な事項その他必要な事項を定めた計画（「推進計画」という）を策定しなければならないと定めている．

三重県では，同 16 条及びスポーツ基本法第 10 条の規定を受けて，2019 年3 月に「第 2 次三重県スポーツ推進計画」を策定した．同計画の期間は，2019年度から 2022 年度の 4 年間である．

第 2 次三重県スポーツ推進計画は，三重県スポーツ推進条例で示された 5 つの基本的な政策に，「施設の整備等」と「大規模大会の開催を契機としたスポーツ活動の推進」という 2 つの項目を追加して，全部で 7 つの政策から構成されている（表 4-5）．県内のスポーツを推進するためには，さまざまな方向性が

表 4-5　第 2 次三重県スポーツ推進計画の概要

左	右
1　子どもの体力向上とスポーツ活動の充実 ・家庭や地域と連携した子どもの運動機会の拡充 ・体育授業の充実 ・運動部活動の適正化と充実 【目標：全国体力・運動能力，運動習慣等調査」における本県の体力合計点の全国との比較（小学校 5 年生男女および中学校 2 年生男女の都道府県別平均値との比較指数を 51.5 にする．】 2　地域におけるスポーツ活動の推進 ・運動・スポーツに触れる機会の拡充 ・総合型地域スポーツクラブの育成 ・高齢者・女性・ビジネスパーソン世代のスポーツ参加の促進 ・スポーツを通じた健康づくり 【目標：成人の週 1 回以上の運動・スポーツの実施率を 65% にする．】 3　競技力の向上 ・ジュニア選手及び少年選手の育成・強化 ・成年選手の育成・強化 ・女性アスリートのサポート ・指導者の養成・確保 ・競技力向上のための環境整備 ・競技スポーツを支える仕組みづくり ・スポーツ・インテグリティの保護・強化 【目標：国民体育大会の男女総合成績を 10 位以内とする．】	4　障がい者によるスポーツ活動の推進 ・三重とこわか大会の開催準備と障がい者スポーツ選手等の育成 ・障がい者スポーツの裾野の拡大 【目標：障がい者スポーツに関心がある県民の割合を 60% にする．】 5　スポーツを通じた地域の活性化 ・三重とこわか国体・三重とこわか大会等の開催や，スポーツツーリズムの取組を通じた地域の活性化 ・地域に根ざしたクラブチームの育成・支援 ・東京オリンピック・パラリンピックのキャンプ地誘致 ・スポーツを「みる」機会の創出，「支える」人材の養成 【目標：スポーツを通じて夢や感動が育まれていると感じる県民の割合を 90% とする．】 6　施設の整備等 ・スポーツ施設の整備 ・県営スポーツ施設の管理運営 【目標：県営スポーツ施設年間利用者数を 969,930人とする．】 7　大規模大会の開催を契機としたスポーツ活動の推進 ・全国中学校体育大会の開催準備 ・三重とこわか国体・三重とこわか大会の開催 ・大規模大会のレガシー継承

出所）第 2 次三重県スポーツ推進計画をもとに筆者作成．

考えられるが，三重県においては，「子ども」「地域のスポーツ」「競技力」「障がい者」「地域活性化」「施設」「大規模イベント」という 7 項目を示し，これらの項目から県内のスポーツを推進していくことが計画で示されている．そして，それぞれの項目において，より具体的な方針が示されていくのである．例えば，地域のスポーツ活動を推進する（政策 2）ために，① 運動・スポーツに触れる機会の拡充，② 総合型地域スポーツクラブの育成，③ 高齢者・女性・ビジネスパーソン世代のスポーツ参加の促進，④ スポーツを通じた健康づくり，という 4 つの具体的な対策を示しているのである．

　前述のとおり，政策体系をなす政策，施策，事業という階層の間には，目的手段関係が存在する．つまり，上記を例にすると，「運動・スポーツに触れる機会の拡充」という施策は，「地域のスポーツ活動の推進」という目的を実現するための手段ということができる．さらに，同計画では「運動・スポーツに触れる機会の拡充」を実現するために，「スポーツ推進月間の設定」などの事業を想定していると記載されているが，この施策と事業の間にも，目的手段関係を確認することができる．つまり，計画という政策体系内で，目的手段関係が連鎖しているのである．

　なお，計画内では，具体的な目標数値を提示する場合が多い．そうすることで，政策の進捗状況や有効性を確認し評価することができる．三重県スポーツ推進計画でも具体的な数値を明記した目標が設定されている．例えば，「地域におけるスポーツ活動の推進」の目標は，「成人の週 1 回以上の運動・スポーツの実施率を 65％にする」というものとなっている．

　三重県を事例に，自治体のスポーツ政策体系をみてきた．三重県の場合は，スポーツ基本条例や単独のスポーツ推進計画を策定しており，非常に計画的にスポーツ政策を展開していることが指摘できる．三重県のように制度化されていると，政策を評価する際も何が達成できて何が未達であったのか，検証しやすくもなり，政策の効果を明示化しやすくなるのである．しかし，いくら素晴らしい計画を整備したとしても，計画通りに実施しなければ意味はなさない．まさに，絵に描いた餅である．そのため，その計画のもとで自治体がどのように事業を実施しているのか検討することが重要である．

おわりに

　本章では，自治体のスポーツ政策体系について解説してきた．自治体の役割は多岐にわたり，その業務は膨大である．類似した事業を別々の部署で担当している場合や部署同士で連携すればより効率的，効果的に施策を展開できる場合もある．政策体系は，そのような自治体全体の業務を整理し，総覧化できる効果がある［佐藤 2019：40］．自治体のスポーツ政策は，教育政策，健康福祉政策，産業政策などと関連することも多い．政策体系を構築することで，そのような業務間の関係を顕在化することができるのである．

　政策体系には，目的手段関係が存在しなければならない．政策，施策，事業という階層構造であるが，政策は施策の集合体ではなく，施策は事業の集合体ではないのである．しかし，実際はこのような目的手段関係ではなく，ただの項目の羅列になっている場合も少なくない．理念という抽象的なものを具体化する作業は，複雑化した事象を単純化する作業ともいうことができる．体系化は容易いものではない．この難しさを理解した上で，立案した施策や事業が上位の政策や施策の理念を実現するものとなっているのかその論理性を確認するとともに，画一的で，過剰に単純化されていないか検討していくことが重要である．政策理念を理解し，その実現のために最適な手段を選んでいかなければならない．

　このような政策体系における目的手段関係が重要となるのが，政策評価の段階である［秋吉ら 2015：34］．政策評価とは，計画し実行に移した施策や事業はどのような効果があったのか検討することである．政策評価では，その目的を達成するために，施策が計画通りに実施されているかを判定するプロセス評価に加えて，上位の政策や施策で掲げた具体的な指標をどれくらい達成できたのかを評価する業績評価などが行われる．その際，この目的手段関係を問う必要があり，多くの場合，達成度を検討するために指標が設定されているのである．ほとんどのスポーツ推進計画で，具体的な数値目標が示されている．数値を掲げることで，目標が明確になり到達具合が判断しやすくなり，施策の評価を行いやすくもなる．しかし，数値目標の提示は施策の進捗状況や効果がわかりやすくなる一方で，その設定には十分な検討が必要である．数値は，その背後にある多様な目的を代替する指標でなければならないのであり，目標とする数値

の設定を重視し過ぎると，本来の目的とかけ離れたものになる危険性があるからである．また数字の達成ばかりが誇張され，その背後に存在する多様な目的に目が届きにくくなる可能性もある．計画で示される目標は，その政策の目的の代替となる指標とならなければならないのである．西尾［2007］が指摘する通り，目標設定の難しさこそ計画の一つの核心的な問題であるといえよう．

このように政策体系を作成することは大変な労力を要する．しかし，それで終わりではない．計画された政策をその通り実施されなければ，文字通り，「絵に描いた餅」となってしまう．実現可能性も見据え，地域の実情に即した政策が望まれる．

注

1) 本書では，文脈に応じて狭義と広義の政策を使用している．
2) 地方公共団体が条例を制定できる根拠としては，憲法第94条や地方自治法第14条の1などが挙げられる．
3) スポーツ基本法第1条
4) スポーツ振興のための基本方針を定めた条例に焦点を当てた草分け的な研究として吉田［2017］の研究がある．吉田［2017］は，スポーツに関する基本的な政策を盛り込んだ条例をスポーツ基本条例としている．
5) なお，スポーツに関連する条例はこのほかに，スポーツ審議会の設置に関するものや，スポーツ振興基金に関するもの，施設に関するものなどがある．スポーツ基本法第31条に，都道府県や市町村にスポーツに関する審議会を設置する場合は，条例を定めなければならない旨が規定されている．
6) 例えば，教育分野では，教育基本法が制定され，第17条第1項において，政府は，教育に関する基本的な計画を定めなければならないと規定されており，同条第2項で，地方公共団体は国の計画を参酌し，その地域の実情に応じ，当該地方公共団体における教育の振興のための施策に関する基本的な計画を定めるよう努めなければならないと定められている．
7) スポーツ基本法第31条
8) スポーツ基本法第25条

参考文献

秋吉貴雄，伊藤修一郎，北山俊哉［2015］『公共政策学の基礎 新版』有斐閣（有斐閣ブックス）．
伊藤修一郎［2013］『政策リサーチ入門』東京大学出版会．
大塚敬［2017］基本構想策定義務付け廃止から5年　自治体総合計画の最新動向（https://www.murc.jp/report/rc/column/search_now/sn170512/，2022年2月1日閲覧）．

大橋洋一［2002］『行政法』有斐閣.

菊幸一，齋藤健司，真山達志，横山勝彦編［2014］『スポーツ政策論』成文堂.

公益財団法人日本生産性本部［2016］『「基礎的自治体の総合計画に関する実態調査」調査結果報告書』（https://www.jpc-net.jp/research/assets/pdf/R74attached2.pdf，2022年2月1日閲覧）.

佐藤徹［2019］「自治体の中長期構想づくりの基本的視座」市町村アカデミー『アカデミア平成31年冬号』（https://www.soumu.go.jp/main_content/000675319.pdf，2022年2月1日閲覧）.

スポーツ庁政策課［2018］「『地方スポーツ推進計画』の策定状況調査結果について」.

西尾勝［2007］『行政学の基礎概念』東京大学出版会.

吉田勝光，吉田隆之［2017］『文化条例政策とスポーツ条例政策』成文堂.

吉富重夫［1972］「日本における行政計画の展開——概念と実際——」日本行政学会編『行政計画の理念と実際（年報行政研究9）』勁草書房.

三菱UFJリサーチ＆コンサルティング 自治体経営改革室［2020］『令和2年度 自治体経営改革に関する実態調査報告書』（https://www.murc.jp/wp-content/uploads/2021/07/seiken_210712.pdf，2022年2月1日閲覧）.

第5章　子どもとスポーツ

成瀬和弥

はじめに

　スポーツは，子どもにとって必要不可欠なものである．スポーツは楽しいだけでなく，体を健全に成長させるとともに，仲間との協力や勝敗を通して心の面でも大きな成長を促すことができる．スポーツは，健康でたくましく生きるための基礎となる体を養うともに，協調性，公正さや規律など精神面の発達のためにも有用なものである．つまり，スポーツは人間形成において重要な文化であるということができる．学校教育においても，体育は必修科目になっており，体育を通じて，生涯にわたってスポーツに親しむ素養を身につけることが目指されている．

　現代社会は，都市化や科学技術の飛躍的な発展などにより，生活の利便性が大きく向上した．我々の生活は便利になる一方で，体を動かす機会は減少し，肥満や生活習慣病など運動不足を起因とする健康問題が顕在化してきた．このような社会の変化は，子どもにも影響を及ぼしており，体を思う存分に動かして遊ぶ機会は減り，子どもにおいても肥満や生活習慣病のリスクは高まっている．子どもの体力低下やスポーツを「する」人と「しない」人が極端に分かれる二極化が問題視されて久しいが，新型コロナウィルスの影響もあり，子どもがスポーツを楽しむ機会はますます確保しづらい状況となっている．

　子どものスポーツの充実は，教育政策（体育政策）やスポーツ政策の中で目指されてきた．第1章でも解説したように，近年，自治体のスポーツを扱う部署は，教育委員会ではなく，長部局が多くなっている．一方で，自治体の教育行政のほとんどは教育委員会が担当することになっている[1]．そのため，体育とスポーツを担当する部署が異なる自治体が多数存在するようになった．子どものスポーツを充実させるためには，このような組織間の協力が必要不可欠となる．日本のスポーツ政策は，スポーツの普及と競技力の向上の2点を最重要課題として推進してきたが，その中で，子どもを対象としたスポーツ政策は，数多く計画され，実施されてきた．中学校の休日の運動部活動を地域に移行する改革がなされるなど，今後，子どものスポーツを取り巻く状況は大きく変貌す

ることが予想される．子どもの時に，豊かで楽しいスポーツを体験することは，その後のスポーツライフに大きな影響を及ぼすことが推察される．自治体は，体育政策の側面でもスポーツ政策の側面でも重要な役割を担っている．そこで本章では，体育政策とスポーツ政策の両面から，自治体の取組を論じる．

1　子どものスポーツの現況

（1）全国体力・運動能力，運動習慣等調査

　スポーツ庁は，スポーツ行政の基礎資料とするために，さまざまな体育・スポーツに関する統計調査を実施している．数ある統計調査のなかで，国民の体力の現状やスポーツに関する意識を把握するための調査として，「体力・運動能力調査」や「体力・スポーツに関する世論調査」などがあるが，子どもに焦点を合わせた調査として「全国体力・運動能力，運動習慣等調査」（以下，全国調査）がある[2]．この全国調査は，2008 年度から実施され，子どもに特化した調査である．

　体力は人間生活の基礎となるものであるが，戦後以降，日本の子どもの体格は向上している一方で，体力は 1980 年代をピークに低下し続ける傾向がある．そこで，2000 年代に入り，子どもの体力低下に歯止めをかけ上昇に転じるような政策が展開されるようになった．こうした動きの中で，全国規模で子どもの体力を把握し，子どもの体力向上に係る施策の成果と課題を検証する必要性が高まり開始されたのが全国調査である．調査対象となる子どもは，小学校 5 年生，特別支援学校小学部 5 年生，中学校学 2 生，中等教育学校 2 年生，特別支援学校中学部 2 年生の全児童生徒である．なお，特別支援学校及び小中学校の特別支援学級に通っている児童生徒は，障害の状態等を考慮して参加の是非を決めることになっている．また，児童生徒に加えて，全国の小学校と中学校（義務教育学校と特別支援学校も含む）及びすべての教育委員会も調査対象となっている．

　調査内容は，児童生徒に対しては，実技に関する調査と質問紙調査の 2 種類がある．実技の調査は，新体力テストと同様のものが行われ，質問紙調査では，運動習慣や生活習慣等に関する調査が行われる．学校や教育委員会への調査は質問紙調査のみであり，学校がどのような取組を行っているのかを把握する調査である．なお，2011 年度と 2020 年度は調査を実施していない（表5-1）．

表 5-1　全国体力・運動能力，運動習慣等調査の概要

【目的】
・国が全国的な子供の体力・運動能力や運動習慣・生活習慣等を把握・分析することにより，子供の体力・運動能力や運動習慣等の向上に係る施策の成果と課題を検証し，その改善を図る． ・教育委員会や学校が，この調査を活用し，子供の体力や運動習慣等の状況を把握するとともに，課題に対応した施策の実施や体育・保健体育の授業等の充実・改善に役立てる．
【調査の対象】 （1）児童 小学校，義務教育学校前期課程及び特別支援学校小学部の 5 年生全員[注1]． （2）生徒 中学校，義務教育学校後期課程及び特別支援学校中学部の 2 年生全員[注2]． （3）学校 小学校，中学校，義務教育学校，中等教育学校及び小学部もしくは中学部を置く特別支援学校の全校． （4）教育委員会 全教育委員会．
【調査の内容】 （1）児童 ① 実技に関する調査：新体力テストと同様のもの[注3]． ② 質問紙調査：運動習慣，生活習慣に関するもの． （2）生徒 ① 実技に関する調査：新体力テストと同様のもの[注4]． ② 質問紙調査：運動習慣，生活習慣に関するもの． （3）学校及び教育委員会 ① 質問紙調査：子供の体力向上や運動習慣の確立に向けた学校の取組等に関するもの．

注1）特別支援学校及び小学校の特別支援学級に在籍している児童については，その障害の状態等を考慮して，参加の是非を適切に判断することとされている．
注2）特別支援学校及び中学校の特別支援学級に在籍している生徒については，その障害の状態等を考慮して参加の是非を適切に判断することとされている．
注3）小学生の新体力テストの種目は，握力，上体起こし，長座体前屈，反復横跳とび，20 m シャトルラン，50 m 走，立ち幅とび，ソフトボール投げである．
注4）中学生の新体力テストの種目は，握力，上体起こし，長座体前屈，反復横跳とび，持久走（男子 1500 m，女子 1000 m）または 20 m シャトルラン，50 m 走，立ち幅とび，ハンドボール投げである．
出所）スポーツ庁　令和 3 年度全国体力・運動能力，運動習慣等調査実施要領（https://www.mext.go.jp/sports/content/20211220-spt_sseisaku02-000019583_1.pdf，2022 年 9 月 30 日閲覧）をもとに筆者作成．

　2021 年度の全国調査の結果によると，体力の合計点は，小学生と中学生の男女とも前回調査（19 年度）よりも低下した．なお，男子に関しては，小・中学校ともに調査開始以降の最低点であった．また，男女ともに，18 年度から合計点が低下し続けている．
　この調査では体力の合計点を A 〜 E の 5 段階で評価している．体力テスト

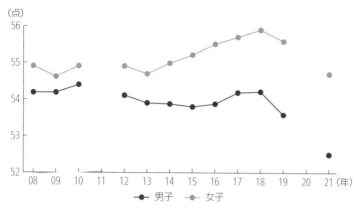

図 5-1　小学生の体力合計点の経年変化

出所）スポーツ庁「令和 3 年度全国体力・運動能力，運動習慣等調査の結果（概要）につい
て」（https://www.mext.go.jp/sports/content/20211222-spt_sseisaku02-000019583_111.
pdf，2022 年 9 月 30 日閲覧）をもとに筆者作成．

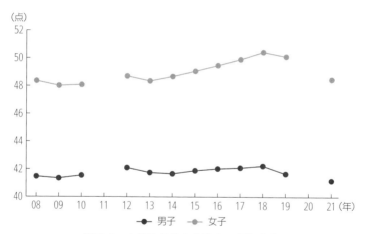

図 5-2　中学生の体力合計点の経年変化

出所）スポーツ庁「令和 3 年度全国体力・運動能力，運動習慣等調査の結果（概要）につい
て」（https://www.mext.go.jp/sports/content/20211222-spt_sseisaku02-000019583_111.
pdf，2022 年 9 月 30 日閲覧）をもとに筆者作成．

は 80 点満点であるが，小学 5 年生の場合，65 点以上が A，58〜64 点が B，50〜57 点が C，42〜49 点が D，41 点以下が E という評価となっており，中学 2 年生の場合は，57 点以上が A，47〜56 点が B，37〜46 点が C，27〜36 点が D，26 点以下が E という評価となっている．21 年度調査では，小・中学校の男女ともに，前回調査に比べて，体力レベルが高い A と B の割合が減少し，D と E の割合が増加した．つまり，体力のレベルが低い児童生徒が増加したことが指摘できる（図 5-1，図 5-2）．

　全国調査から明らかになったように，子どもの体力は徐々に上昇に転じてきたが，新型コロナウィルス等の影響で，18 年度を境に再び低下傾向となっている．スポーツ庁は，体力の合計点が低下した主な要因として，① 運動時間の減少，② 学習以外のテレビ，スマートフォン，ゲーム機等での映像の視聴時間の増加，③ 肥満である児童生徒の増加の 3 点を指摘している．これらの要因は，19 年度でも指摘されたが，新型コロナウィルスの影響を受けて，これらの傾向にさらに拍車がかかったとしている．また，新型コロナウィルスのために学校の活動が制限され，体育の授業以外での体力向上の取組が減少したことも要因の一つとして挙げている［スポーツ庁 2021］．

（2）　国における子どもの体力向上政策

　2000 年代以降，子どもの体力低下は政策課題として認識され，さまざまな施策が展開されるようになったが，その端緒となったのは，2002 年 9 月に中央教育審議会が文部科学大臣に提出した「子どもの体力向上のための総合的な方策について（答申）」である．この答申では，子どもの体力低下の原因として，① 外遊びやスポーツの重要性の軽視など国民の意識，② 子どもを取り巻く環境の問題，③ 子どもの生活習慣の乱れ（就寝時刻の遅さや朝食欠食，栄養のバランスのとれていない食事など）の 3 点を指摘し，そのための対策を提言した．これを受けて，2006 年 9 月に公表されたスポーツ振興基本計画改定版では，子どもの体力の向上が主要な政策のひとつに設定された．

　スポーツ振興基本計画は，2000 年 9 月に文部大臣（当時）がスポーツ振興法第 4 条の規定に基づいて策定した行政計画であるが，2006 年 9 月に改定が行われた．当初の計画は，① 生涯スポーツ社会の実現に向けた，地域におけるスポーツ環境の整備充実方策，② 我が国の国際競技力の総合的な向上方策，③ 生涯スポーツ及び競技スポーツと学校体育・スポーツとの連携を推進する

表 5-2　第 3 期スポーツ基本計画における子どもの体力向上施策

【施策】
子供・若者の日常的な運動習慣の確立と体力の向上

【施策目標】
- 1 週間の総運動時間（体育授業を除く.）が 60 分未満の児童の割合を 12%（令和 3 年度）から半減，生徒の割合を 13%（令和 3 年度）から半減を目指す.
- 卒業後にも運動やスポーツをしたいと「思う」「やや思う」児童の割合を 86%（令和 3 年度）から 90% 以上に，生徒の割合を 82%（令和 3 年度）から 90% 以上に増加を目指す.
- 新体力テストの総合評価が C 以上である児童の割合を 68%（令和 3 年度）から 80% 以上に，生徒の割合を 75%（令和 3 年度）から 85% 以上に増加を目指す.

出所）第 3 期スポーツ基本計画をもとに筆者作成.

ための方策という 3 項目から構成されたが，2006 年の改定版では，計画の主要な項目が変更され，① スポーツの振興を通じた子どもの体力の向上方策，② 地域におけるスポーツ環境の整備充実方策，③ 我が国の国際競技力の総合的な向上方策となり，新たに，「子どもの体力の向上」が追加されたのである.

　改定版では，子どもの体力の低下傾向に歯止めをかけ，上昇傾向に転ずることを目指すという政策目標が示された．そして，子どもの体力の重要性を国民全体にアピールするキャンペーンなどが計画された.

　その後も国の計画では，子どもの体力の向上が政策課題として取り上げられ，2022 年 3 月に策定された第 3 期スポーツ基本計画においても，子どもの体力の向上は施策として提示されており，体力向上に向けて具体的な目標数値が提示されている（表 5-2）.

（3）　自治体における子どもの体力向上政策

　国の政策を受けて，多くの自治体が，子どもの運動習慣の確立や体力の向上を政策課題として取り上げるようになった．福井県は，21 年度の全国調査で小学生の男女ともに体力合計点が全国でトップとなったが，県内の小学校，中学校，高校は体力向上に向けてさまざまな取組を実施している．具体的には，「元気パワーアップ作戦」と称する事業を展開しており，福井県内の各学校に対して，年度はじめに「体力つくり推進計画書」を，年度末に「体力つくり推進報告書」の提出を要請し，各学校において，体力向上の取組を促している．「元気パワーアップ作戦」では，子どもたちが積極的に運動できるような体育の授業を目指す改善が行われたり，マラソン大会や縄跳び大会などさまざまな

特別活動が計画されたりするなどして，子どもの体力向上に取り組んでいる．また同県では，体を動かす時間を確保する「A1（アクティブワン）運動」という事業も実施しており，例えば，小学校では，休み時間等を利用して運動する時間を確保する取組が行われており，各学校は，子どもが楽しく主体的に活動できるようにさまざまな工夫を凝らして活動している．

　福井県のように，子どもの運動時間を確保する事業は，他の自治体でも確認することができる．岩手県では，2021年度まで「希望郷いわて元気・体力アップ60運動」推進事業を展開してきた．この事業は，児童生徒に運動習慣を身につけさせるために，1日に60分以上運動（遊び）やスポーツに親しむことを目指したものであり，学校だけでなく，家庭や地域も連携して取り組んできた．しかし，全国と比較して肥満傾向の児童生徒の割合が高いことや運動を「する」子と「しない」子という二極化傾向がみられるなどの状況が明らかとなったことから，22年度からは，「60＋プロジェクト」推進事業が開始された．「60＋プロジェクト」は，運動習慣だけでなく，食習慣や生活習慣も一体的に改善することを目指した取組である［岩手県 2022］．

　また，東京都では，全国調査の結果を受けて，2010年7月に「総合的な子供の基礎体力向上方策（第1次推進計画）」を策定した．全国調査において，東京都の児童生徒の体格は全国平均値を上回る一方で，体力・運動能力は，全国平均値を大きく下回っていることが明らかとなったからである．第1次推進計画では，学校体育の改善だけでなく，社会全体において体力は必要であるという認識を広げる機運づくりなどが目指され，新たに中学生が参加する市区町村対抗の駅伝大会「東京駅伝」も開始された（2020年に終了）．東京都が展開する「総合的な子供の基礎体力向上方策」は，2010年から継続して実施されており，2022年3月には，新たに「TOKYO ACTIVE PLAN　for students」が公表された．

　このように，2000年代に入ると，子どもの体力低下は，政策課題として認識され，国だけではなく，自治体においてもさまざまな取組が実施されるようになった．多くは，学校での取組が中心であるが，学校だけではなく，家庭や地域など社会全体で，子どもの運動習慣や体力に目を向け，取り組んでいくことが目指されている．

2　運動部活動改革

（1）　運動部活動の運営体制の整備

　運動部活動は，日本の子どものスポーツを充実させる上で欠かせないものである．運動部活動は，専門的な競技を始めるきっかけにもなり，そこでの経験は，教育的な価値も含め，その後のスポーツライフだけでなく，人生そのものにも大きな影響を及ぼす．このように運動部活動は，子どもがスポーツに親しむ上で重要な機会のひとつであるが，体罰や教員の長時間労働の一因となるなどさまざまな問題も指摘されてきた．そのため，これまで文部科学省（スポーツ庁）は，数々の改革案を打ち出しており，特に，2018 年からは，スポーツ庁が運動部活動の根幹を変えるような実行性の高い改革を行っている．そこで，本節では，2018 年以降に進められている一連の運動部活動改革を概説する．

　2018 年 3 月に，スポーツ庁は「運動部活動の在り方に関する総合的なガイドライン」（以下，ガイドライン）を公表した．少子化などの影響により，従前と同様の運営体制では運動部活動は存続の危機に瀕することが想定されるため，運動部活動を持続可能なものとするため抜本的な改革が必要であるとして，ガイドラインが作成されたのである．このガイドラインは，高校にも適用されるものの，中学校の運動部活動を主な対象としていることから，ここでは中学校について検討する．

　そもそも運動部活動は，教育課程外の活動であるが，学校教育の一環として，生徒の自主的な意志で行われる活動であるとされる．そのため，学校がどのような方針で運動部活動を運営し，いかなる部を設置するかその根拠は曖昧であった．そこでガイドラインでは，都道府県，市区町村教育委員会等の学校の設置者，校長のそれぞれに運動部活動を適切に運営するための方針の策定を促したのである．

　方針の策定は，**図 5-3** のような手順をとることとされた．まず，都道府県は国が公表したガイドラインを基準として，「運動部活動の在り方に関する方針」を策定する．次に，市区町村教育委員会や学校法人などの学校の設置者は，ガイドラインを基準にし，かつ，都道府県の方針を参考にして「設置する学校に係る運動部活動の方針」を策定する．そして，校長は学校の設置者が策定した「設置する学校に係る運動部活動の方針」に則って，「学校の運動部活動に係る

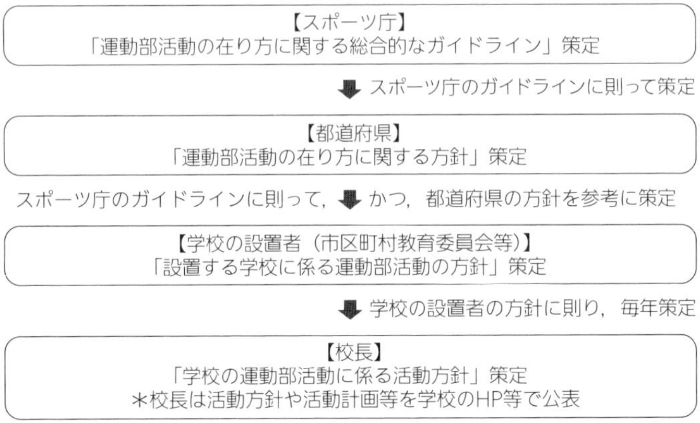

```
┌─────────────────────────────────────────────────────────────┐
│                        【スポーツ庁】                           │
│      「運動部活動の在り方に関する総合的なガイドライン」策定          │
└─────────────────────────────────────────────────────────────┘
                    ⬇ スポーツ庁のガイドラインに則って策定

┌─────────────────────────────────────────────────────────────┐
│                        【都道府県】                             │
│          「運動部活動の在り方に関する方針」策定                    │
└─────────────────────────────────────────────────────────────┘
  スポーツ庁のガイドラインに則って，⬇ かつ，都道府県の方針を参考に策定

┌─────────────────────────────────────────────────────────────┐
│          【学校の設置者（市区町村教育委員会等）】                  │
│          「設置する学校に係る運動部活動の方針」策定                │
└─────────────────────────────────────────────────────────────┘
                    ⬇ 学校の設置者の方針に則り，毎年策定

┌─────────────────────────────────────────────────────────────┐
│                          【校長】                              │
│          「学校の運動部活動に係る活動方針」策定                    │
│          ＊校長は活動方針や活動計画等を学校のHP等で公表            │
└─────────────────────────────────────────────────────────────┘
```

図 5-3　ガイドラインに基づいた運動部活動の運営体制の整備

出所）スポーツ庁「運動部活動の在り方に関する総合的なガイドライン」をもとに筆者作成．

活動方針」を策定するというものである．加えて，運動部顧問は，年間の活動計画や毎月の活動計画と活動実績を作成し，校長に提出する．なお，それぞれの学校にどのような部を設置するのかは，生徒や教員の数，部活動指導員の配置等を勘案して，校長が決定するとされた．このように，スポーツ庁が公表したガイドラインでは，都道府県や学校の設置者，校長のそれぞれに対して，ガイドラインの内容に準拠した方針の策定を促しており，国の方針を地方にまで浸透させる手立てとなっている．

　2022 年 10 月 1 日現在，すべての都道府県で，「運動部活動に関する方針」を確認することができる（**表 5-3**）．また，すべての都道府県で休養日の基準を示すなど，スポーツ庁のガイドラインに沿った内容となっている．

　スポーツ庁によると，2018 年 10 月 1 日時点で，中学校向けの方針を策定している政令指定都市は 19（95.0%），市区町村は 1261（73.6%）であった［スポーツ庁 2018］．なお，中学校における「運動部活動に係る活動方針」の策定状況は定かではない．しかし，学校のホームページに運動部活動の活動方針や活動計画を公表していない中学校も散見される．ガイドラインは，実際に部活動が行われる学校で適切に運用されることで効果を発揮する．「絵に描いた餅」に終わらせず，有効に活用すべきである．また学校はコミュニティの一員として地域と関わっていくことも期待されている．そのためにも，積極的に情報を発信していく必要がある．

表 5-3　都道府県における「運動部活動の在り方に関する方針」の策定状況

		名　称	策定・改定年
1	北海道	北海道の部活動の在り方に関する方針	2019 年 1 月
2	青　森	運動部活動の指針	2018 年 12 月
3	岩　手	岩手県における部活動の在り方に関する方針（改定版）	2019 年 8 月
4	宮　城	部活動での指導ガイドライン及び部活動指導の手引	2018 年 3 月
5	秋　田	運動部活動運営・指導の手引き	2018 年 8 月
6	山　形	山形県における運動部活動の在り方に関する方針	2018 年 12 月
7	福　島	部活動の在り方に関する方針	2021 年 3 月
8	茨　城	茨城県部活動の運営方針	2019 年 7 月
9	栃　木	栃木県運動部活動の在り方に関する方針	2019 年 3 月
10	群　馬	適正な部活動の運営に関する方針	2018 年 4 月
11	埼　玉	埼玉県の部活動の在り方に関する方針	2018 年 7 月
12	千　葉	安全で充実した運動部活動のためのガイドライン（改訂版）	2018 年 6 月
13	東　京	運動部活動の在り方に関する方針（改定版）	2018 年 8 月
14	神奈川	神奈川県の部活動の在り方に関する方針	2019 年 3 月
15	新　潟	新潟県部活動の在り方に係る方針（改訂版）	2019 年 3 月
16	富　山	富山県部活動の在り方に関する方針	2019 年 2 月
17	石　川	石川県における運動部活動の在り方に関する方針	2018 年 12 月
18	福　井	部活動の在り方に関する方針	2019 年 2 月
19	山　梨	やまなし運動部活動ガイドライン	2018 年 3 月
20	長　野	長野県中学生期のスポーツ活動指針（改定版）	2019 年 2 月
21	岐　阜	岐阜県中学校運動部活動指針	2016 年 6 月
22	静　岡	静岡県部活動ガイドライン	2020 年 3 月
23	愛　知	部活動指導ガイドライン	2018 年 9 月
24	三　重	三重県部活動ガイドライン（改訂版）	2019 年 3 月
25	滋　賀	部活動の指導について（改訂版）	2022 年 4 月
26	京　都	京都府部活動指導指針（改訂版）	2019 年 4 月
27	大　阪	大阪府部活動の在り方に関する方針	2019 年 2 月
28	兵　庫	いきいき運動部活動（4 訂版）	2018 年 9 月
29	奈　良	奈良県部活動の在り方に関する方針	2020 年 4 月
30	和歌山	和歌山県運動部活動指針	2018 年 4 月
31	鳥　取	鳥取県運動部活動の在り方に関する方針	2018 年 12 月

32	島　根	部活動の在り方に関する方針	2019 年 2 月
33	岡　山	岡山県運動部活動の在り方に関する方針	2018 年 9 月
34	広　島	運動部活動の方針	2018 年 7 月
35	山　口	運動部活動の在り方に関する方針	2019 年 3 月
36	徳　島	運動部活動の在り方に関する方針	2018 年 4 月
37	香　川	香川県部活動ガイドライン	2019 年 3 月
38	愛　媛	愛媛県の運動部活動の在り方に関する方針	2018 年 6 月
39	高　知	高知県運動部活動ガイドライン（改訂 2 版）	2020 年 3 月
40	福　岡	福岡県運動部活動の在り方に関する指針	2018 年 12 月
41	佐　賀	運動部活動の在り方に関する方針	2018 年 8 月
42	長　崎	長崎県県運動部活動の在り方に関するガイドライン	2018 年 10 月
43	熊　本	運動部活動指導の手引き（改訂版）	2020 年 3 月
44	大　分	大分県の運動部活動の在り方に関する方針	2018 年 8 月
45	宮　崎	宮崎県運動部活動の活動時間及び休養日設定等に関する方針	2018 年 10 月
46	鹿児島	鹿児島県部活動の在り方に関する方針	2019 年 3 月
47	沖　縄	運動部活動等の在り方に関する方針	2018 年 12 月

出所）各自治体の HP をもとに筆者作成.

　ガイドラインは，生徒にとって望ましいスポーツ環境を構築し，運動部活動を持続可能なものとしていくことに主眼をおいているが，特筆すべき特徴のひとつとして，休養日の基準を示したことが挙げられる．ガイドラインでは，学期中は週当たり 2 日以上（平日 1 日，土日 1 日以上）の休養日を設けるべきであるとし，長期休業中は学期中と同様の休養日を設けるともに，長期休養（オフシーズン）も設定すべきとした．また，1 日の活動時間は，長くとも平日は 2 時間程度，学校の休業日は 3 時間程度を基準にするとした．

　また，生徒のニーズを踏まえたスポーツ環境を整備すべきとも言及しており，具体的には，季節ごとに異なるスポーツを行うシーズン制を導入したり，レクリエーション志向などの志向別の活動を設けたりすることを示した．自治体に対しては，学校と地域が連携して，子どものスポーツ環境の充実を図っていくべきであると指摘した．

　運動部活動の課題のひとつに，指導者に関することがある．運動部活動は学校教育の一環であるため，原則として教員が指導してきたが，それは教員の長

時間労働につながるだけでなく，自分の専門としない競技も指導しなければならないなど，教員にとって大きな負担となっている．そこで，ガイドラインでは，学校の設置者に対して，部活動指導員の積極的な任用を促した．部活動指導員とは，学校教育法施行規則第78条の2の規定に基づくものであり，中学校でスポーツ，文化，科学等に関する教育活動（中学校の教育課程として行われるものを除く）に係る技術的な指導に従事する職員のことである．部活動指導員は，学校教育計画に基づいて，部活動の実技指導や大会・練習試合等の引率をすることができる．校長は，部活動指導員に部活動の顧問を命じることができるため，専門性に秀でた部活動指導員に顧問を担当させることで，生徒は専門的で充実したスポーツを行うことができるのである．

（2） 運動部活動の地域移行

　ガイドラインでは，長期的な考えとして，今後，学校単位で行われる運動部活動に代わって，地域全体で子どものスポーツ活動を保証していくことを検討する必要があると指摘された．さらに，中央教育審議会は，2019年1月に提出した「新しい時代の教育に向けた持続可能な学校指導・運営体制の構築のための学校における働き方改革に関する総合的な方策について（答申）」において，「地域で部活動に代わり得る質の高い活動の機会を確保できる十分な体制を整える取組を進め，環境を整えた上で，将来的には，部活動を学校単位から地域単位の取組にし，学校以外が担うことも積極的に進めるべきである」と指摘した［中央教育審議会 2019］．また，2021年6月には，経済産業省の「地域×スポーツクラブ産業研究会第1次提言」で，運動部活動の持続可能性について疑義が示され，教育ではなくスポーツ産業の視点から地域のスポーツクラブが運動部活動の受け皿になり得ることが示された．

　これらの指摘は，運動部活動を学校だけで行うのではなく，地域で支えるという考えを示唆したものであるが，こうした運動部活動の地域移行に関する言及を受けて，2021年に，スポーツ庁は「運動部活動の地域移行に関する検討会議」（以下，検討会議）を立ち上げ，運動部活動の地域移行が本格的に議論されるようになった．そして，2022年6月に，検討会議は「運動部活動の地域移行に関する検討会議提言」を室伏広治スポーツ庁長官に提出した．

　検討会議が提出した提言では，今後の運動部活動のあり方について，「学校単位から地域単位での活動に積極的に変えていくことにより，少子化の中でも，

将来にわたり我が国の子供たちがスポーツに継続して親しむことができる機会を確保する必要がある」と指摘し，運動部活動を地域での活動として実施していく方向性を明確に示した［運動部活動の地域移行に関する検討会議 2022］．そして，運動部活動の地域移行は，単に学校から運動部活動を切り離すということではなく，子どもたちが健やかに成長できるように，その地域のスポーツ環境全体を整備していく必要があるとも指摘した．つまり，運動部活動の地域移行は，単に，子どものスポーツの場を学校から地域に移行させるというだけでなく，その地域全体のスポーツ環境を変革していく契機となり得るのである．したがって，子どもたちのスポーツ活動の受け皿としてクラブ等を整備することはいうまでもないが，それだけでなく自治体やクラブ，スポーツ協会など多様なアクターが協働して，地域全体のスポーツをより良くしていかなくてはならないのである．

　これまでの運動部活動改革の多くは，理念の提示にとどまり，実行性は乏しいものであったが，今回の提言は，運動部活動の地域移行について，具体的なスケジュールを提示し，地域移行を達成する目標の時期を示すなどより実行性の高いものとなった．提言では，休日の運動部活動を 23 年度から段階的に地域に移行し，3 年をかけて全国に浸透させるという目標が示された．また地域の実情に応じて平日の活動も地域移行を促すとした．

　提言では，地域移行に向けて複数の方法を提示した．第一に，総合型地域スポーツクラブのような地域のクラブ等が運動部活動の受け皿となる方法である．周知の通り，日本の地域スポーツクラブはいまだ発展途上にあり，地域によって，その設置数には大きな差があるため，受け皿となる組織は，総合型地域スポーツクラブのほかに，プロスポーツクラブやフィットネス，大学など多様なスポーツ団体も想定されている．しかし，それでも中学校の運動部活動をすべて受け入れることは現実的ではない．そもそも，自治体の公共スポーツ施設数も限りがある．そこで，提言では，学校の体育施設を積極的に活用する方法を示した．学校の体育施設を活用するのであれば，従前の運動部活動と何ら変わらないと思われるかもしれないが，外部指導者を任用することで，地域での活動として行うというものである．これが第二の方法である．

　第三は，教員を地域のスポーツ指導者として任用する方法である．これまでの運動部活動は，教員の熱意によって維持されてきた．部活動は教員の多忙化の一因と指摘されてきたが，教員の中には，優れた指導力を有し，運動部活動

の指導に熱意を持った者もいる．能力ややる気があるにも関わらず，運動部活動に関われないのであれば，生徒にとっても望ましい状況ではない．そこで，運動部活動の指導を強く希望する教員を地域のスポーツ指導者として新たに雇用するのである．そうすることで，教員もスポーツ指導者として，労働に対する相応の対価を得ることができる．

このように運動部活動の地域移行が進められているが，解決すべき問題も多くある．第一に，競技大会のあり方についてである．中学校の生徒を対象とする大会は，主に ① 日本中学校体育連盟および各都道府県等の中学校体育連盟が主催する大会，② 競技団体が主催する大会，③ その他のスポーツ団体等の主催する大会がある．これらの大会は規模や水準はさまざまであり，参加資格も統一されていない．一部の大会では，学校単位での参加しか認めていないものがあり，運動部活動を地域に移行した場合，大会に参加できない可能性も想定される．地域のスポーツクラブも大会に参加できるようにするなど柔軟な対応が望まれる．

第二に，会費のあり方についてである．従前の運動部活動でも，登録費など活動費はかかっていたが，学校で教員が指導していたため，施設使用料や指導費はかからず，比較的安い金額で活動することができた．しかし，地域でスポーツを行う場合，施設使用料や指導費がかかり，これまでの部費よりも金額が高くなる可能性が予想される．家庭の経済状況によって，スポーツへの参加が制限されてしまうことは阻止しなければならない．経済的に困窮している家庭に対して，スポーツに係る費用を補助したり，寄付を募ったりするなどさまざまな対策が求められる．

第三に，保険のあり方についてである．運動部活動は学校教育であるため，活動中に負ったケガ等は，日本スポーツ振興センターの災害共済給付制度で補償される．しかし，災害救済給付制度は，学校での活動しか補償されず，地域でのスポーツ活動は補償の対象外となる．そこで，地域でのスポーツ活動に際しては，例えば，公益財団法人スポーツ安全協会のスポーツ安全保険など民間の保険制度が活用されてきた．同じクラブでありながら，平日は学校，休日は地域で活動した場合，平日と休日で適用される保険が異なることが想定されるのである．災害救済給付制度とスポーツ安全保険では，補償内容が異なるため，同一の補償が得られるようにすることが必要である．

こうした問題の他にも，学習指導要領上での部活動の位置付けや，部活動が

高校入試の合否に用いられたりすることがある点など，今後検討しなければならない事項は数多く存在する．教育行政のほとんどは，教育委員会が担当することとなっており，長部局が担当できない事務は多い．学校で行われる運動部活動は教育委員会が担当するが，地域に移行した場合，地域での活動は，担当部署が教育委員会ではなくなる可能性がある．そのような状況になったとき，教育委員会との連絡調整が重要となる．このように，子どものスポーツには，自治体内のさまざまな組織が関与するため，組織横断的な協力体制の構築が欠かせない．改革を進めようとすると必ず，利害の対立や混乱が生じる．丁寧な議論を繰り返し，より良い制度となるように努力することが必要である．運動部活動を持続可能な制度として，子どものスポーツ環境をより充実したものとするために地域移行は進められているが，運動部活動の地域移行は，地域のスポーツ環境全体をも変革する機会ともなり得る．自治体が果たすべき役割は非常に大きい．

おわりに

　本章では，子どもの体力低下と運動部活動改革に焦点を合わせて，自治体の子どもに係るスポーツ政策について解説してきた．2000 年代に入って，子どもの体力低下は政策課題として認識され，体力低下に歯止めをかけ上昇させるために，国や自治体は政策を展開してきた．例えば，子どもの運動時間を増やすために，休み時間などで子どもたちに運動をさせる業間運動や業間体育が学校で実施されている．業間体育は 1960 年〜70 年代にも日本の学校で行われており，確かに子どもの体力は向上した．しかし，同時に，運動嫌いも生んだと言われている．授業の合間の休み時間は，文字通り「休む」時間である．休むこともできず，疲れ果ててしまっては，運動は習慣にはならないだろう．また，教員が回数や時間を一方的に決め，半強制的にただ子どもたちにやらせるのであれば，運動が苦手な子だけでなく，得意な子までもが運動嫌いになりかねない．福井県や岩手県，東京都などのように，子どもに体を動かすことは楽しい，スポーツをやりたいと思わせるような工夫が必要であり，学校だけでなく，家庭や地域も巻き込んだ取組が欠かせない．そうすることで，スポーツをすることが日常生活に根付き，運動の習慣化につながると思われる．

　本来スポーツや運動は，子どもにとって「したい」から「する」のであって，

大人のように「しなければならない」から「する」ということは，ほとんどないはずである［松田 2011：254］．スポーツの核心は楽しさであり，義務感から行われるものではない．スポーツや運動を楽しむことで，結果として体力が向上するという形が望まれる．体力向上のために，スポーツや運動を「しなければならない」という状況になってしまっては，子どもにとって負担でしかない．

　多くの自治体が，子どもが体を動かす時間を増やそうという施策を展開している一方で，運動部活動改革では休養日を設けるとともに，活動時間も制限している．一見，矛盾する政策が展開されていると見ることもできるが，これは，子どものスポーツ実施の二極化への対応となっていると推察される．スポーツを「しない」子はほとんどスポーツに関わらず，逆に，スポーツを「する」子は極端なまでにやりすぎてしまう．スポーツのレベルはどんどん高度化しており，専門的なトレーニングを開始する時期も低年齢化している．二極化は，このようなスポーツの高度化も影響していると思われる．

　運動部活動は，多くの子どもにとって，はじめての専門的な競技への出会いの場でもある．運動部活動の地域移行を契機に，地域のスポーツ環境をさらに充実したものにし，子どもの可能性を最大限引き出せるように整備していかなければならない．日本では地域のスポーツクラブは普及してこなかった一方で，学校における運動部活動は発展してきた．充実した学校体育施設で，専門的な指導を非常に安い金額で受けることができる運動部活動は，世界的に見ても稀な制度である．体罰などさまざまな問題も指摘されるが，運動部活動の経験は，その後のスポーツライフだけでなく，人生そのものにも大きな影響を及ぼす．そのような運動部活動は，教員の熱意によって支えられてきた．しかし，さまざまな社会情勢の変化によって，この制度も限界に来ている．運動部活動改革は喫緊に取り組むべき課題である．運動部活動の教育的な価値の多くは，「学校」で行わなければ得ることができないわけではない．地域のスポーツクラブでも，学校での活動以上に学ぶ機会はあるはずである．地域の多様な人材，資源を活用し，子どもたちがこれまで以上に，スポーツに親しめる環境ができることが望まれる．

注 >>>
1) 「地方教育行政の組織及び運営に関する法律」第 21 条に教育委員会の職務権限が規定されている．なお，同法第 22 条によると，地方公共団体の長は，大綱の策定に関す

る事務のほか，① 大学に関すること，② 幼保連携型認定こども園に関すること，③ 私立学校に関すること，④ 教育財産を取得し及び処分すること，⑤ 教育委員会の所掌に係る事項に関する契約を結ぶこと，⑥ 前号に掲げるもののほか教育委員会の所掌に係る事項に関する予算を執行することといった教育に関する事務を管理し，及び執行するとされている．

2） 「体力・運動能力調査」は，国民の体力や運動能力の現況を明らかにすることを目的とした調査で，1964 年から実施されている．調査対象は，小学生から 79 歳までの男女である．「体力・スポーツに関する世論調査」は，体力・スポーツに関する国民の意識を把握することを目的とした調査で 1979 年から概ね 3 年ごとに実施されている．調査対象は 20 歳以上の成人である．

参考文献

岩手県［2021］第 24 回（令和 3 年度第 2 回）岩手県スポーツ推進審議会議事録（https://www.pref.iwate.jp/_res/projects/default_project/_page_/001/050/061/24gijiroku.pdf，2022 年 9 月 29 日閲覧）．

志水宏吉，前馬優策編著［2014］「福井県の学力・体力がトップクラスの秘密」中央公論社（中公新書ラクレ）．

スポーツ庁［2018］「運動部活動の在り方に関する総合的なガイドライン」．

─────［2019］「運動部活動の在り方に関する総合的なガイドライン」フォローアップ調査結果（https://www.mext.go.jp/sports/b_menu/sports/mcatetop04/list/detail/__icsFiles/afieldfile/2019/03/01/1413987_02_2.pdf，2022 年 10 月 3 日閲覧）．

─────［2021］「令和 3 年度全国体力・運動能力，運動習慣等調査報告書」．

─────［2022］「第 3 期スポーツ基本計画」．

東京都教育委員会［2010］「総合的な子供の基礎体力向上方策（第 1 次推進計画）」．

成田十次郎編著［1998］「スポーツと教育の歴史」，不昧堂出版．

福井県［2022］「令和 4 年度児童生徒体力つくり推進計画書」（https://www.pref.fukui.lg.jp/doc/055515/tairyoku/h22powerup_d/fil/04kenritsu-h.pdf，2022 年 10 月 3 日閲覧）．

松田恵示［2011］「子どもの体力をめぐる問題」，菊幸一，齋藤健司，真山達志，横山勝彦編著『スポーツ政策論』成文堂，pp. 254-255．

文部省［2000］「スポーツ振興基本計画」．

文部科学省［2006］「スポーツ振興基本計画改定版」．

成瀬和弥・武田丈太郎

第6章　地方におけるスポーツの振興

はじめに

　地域のスポーツ施設を利用したり，スポーツ教室に参加したりしたことがある人は少なくないだろう．このような我々が身近に触れるスポーツのほとんどに，自治体は関与している．日本では国だけでなく，自治体もスポーツに関する施策を展開しなければならない．スポーツ基本法第4条には，スポーツ施策に関する自治体の責務が規定されている．同条には，「地方公共団体は，基本理念にのっとり，スポーツに関する施策に関し，国との連携を図りつつ，自主的かつ主体的に，その地域の特性に応じた施策を策定し，及び実施する責務を有する」とあり，自治体は，国と連携しながらも主体的に，その地域の実情に応じたスポーツ施策を展開する責任を有している．

　これまで自治体は，公共サービスとして，市民が日常的に触れるスポーツを中心に推進してきた．具体的には，① 施設整備，② スポーツ教室等のイベントの開催，③ クラブの支援，④ スポーツ情報の提供などである．しかし，近年そのような傾向に変化が見られるようになった．もちろん，日常的なスポーツへの関与は変わらないが，自治体が関わるのは，このような身近な場面でのスポーツだけではなくなっているのである．例えば，サッカーのJリーグやバスケットボールのBリーグといったプロ・スポーツリーグは，地域密着を最重要テーマのひとつとして掲げており，クラブとホームタウンの自治体との協力は必要不可欠となっている．また，競技力向上政策に参画し，タレント発掘事業などをおこなっている自治体もある．さらに，観光や地域の活性化にスポーツを活用している事例もある．つまり，スポーツの価値が多様化したことで，自治体が関与するスポーツの幅が拡大し，いわゆるスポーツ振興だけでなく，健康政策，産業政策や観光政策などにスポーツは活用されているのである．本書では，第7章以降でこれらの事例について解説しているが，本章では，自治体のスポーツ政策の原点ともいうべき，スポーツ振興政策に焦点を合わせ，日常的なスポーツに関して，自治体は具体的にどのような取組を行なっているのか事例を紹介しながら解説する．そして，我々の身近なスポーツ活動をより充

実させるために，地域のスポーツ環境はどのように整備していけば良いか，考えていきたい．

1 スポーツの推進に関連するアクター

（1）スポーツ推進委員

第1章で解説しているとおり，自治体のスポーツを扱う部署は，教育委員会もしくは首長部局である．当該自治体のスポーツ問題に関しては，まずはこの部署が対応することになるが，このほかにも，さまざまな職種や組織（アクター）が地域のスポーツを推進することに参画している．そこで本節では，スポーツを担当する部署以外でどのようなアクターが関与しているのか解説する．

市区町村には，当該地域のスポーツを推進するために，スポーツ推進委員が置かれている．その法的な根拠は，スポーツ基本法第23条である（表6-1）．表6-1のとおり，スポーツ推進委員は，社会的な信望があり，スポーツに関して高い見識を有し熱意と能力を有する者に委嘱される．非常勤という立場であり，必要に応じて，スポーツに関する業務に対応する．スポーツ推進委員は，スポーツ事業の企画や運営だけでなく，実際のスポーツ指導を行ったり，住民と行政やスポーツ団体等との橋渡しをしたりするなど，地域スポーツの中心的な役割が期待されている．

スポーツ推進委員は，2011年までは「体育指導委員」という名称であった．体育指導委員制度は，1957年に文部省（当時）が都道府県教育委員会に対して出した文部事務次官通達「地方スポーツの振興について」の中で初めて示され

表6-1　スポーツ基本法におけるスポーツ推進委員に関する規定

（スポーツ推進委員）

第32条　市町村の教育委員会（特定地方公共団体にあっては，その長）は，当該市町村におけるスポーツの推進に係る体制の整備を図るため，社会的信望があり，スポーツに関する深い関心と理解を有し，及び次項に規定する職務を行うのに必要な熱意と能力を有する者の中から，スポーツ推進委員を委嘱するものとする．

2　スポーツ推進委員は，当該市町村におけるスポーツの推進のため，教育委員会規則（特定地方公共団体にあっては，地方公共団体の規則）の定めるところにより，スポーツの推進のための事業の実施に係る連絡調整並びに住民に対するスポーツの実技の指導その他スポーツに関する指導及び助言を行うものとする．

3　スポーツ推進委員は，非常勤とする．

た．その後，1961年に制定されたスポーツ振興法第19条において，市町村教育委員会に体育指導委員を置く規定がなされ，法的に身分が確立したのである．2011年に，スポーツ振興法を全面改正する形で制定されたスポーツ基本法の附則第4条において，体育指導委員はスポーツ推進委員とみなすと規定され，現在に至っている．2022年7月現在，スポーツ推進委員は48,211名いるが，そのうち女性は32.3%であり，女性の割合が少ないことが指摘できる［全国スポーツ推進委員連合 2022］．

　スポーツの価値の多様化にともない，スポーツに関して自治体が求められる役割は複雑化している．そのため自治体のスポーツ政策に関わるアクターも増え，組織間の連絡調整は今後益々必要となってくるだろう．スポーツ推進委員は，このような組織間の関係を円滑にし，地域のスポーツをより一層盛り上げる役割が期待される．

（2）スポーツ推進審議会

　自治体は，スポーツの推進のための重要事項を調査審議し，知事や市長等に助言する機関を設置することができる．この機関のことをスポーツ推進審議会という．スポーツ基本法第31条が設置の根拠となっている（表6-2）．

　スポーツ基本法の条文にあるとおり，スポーツ推進審議会の設置は義務ではないが，2022年9月現在，すべての都道府県にスポーツ推進審議会は設置されている[1]．一方，市区町村においては，2012年に公表された文部科学省の調査結果によると，スポーツ推進審議会を設置している自治体は39.8%で，設置していない自治体は59.6%となっている［文部科学省 2012］．スポーツ推進審議会は，自治体がスポーツ推進計画を策定したり，改定したりする際に，その内容を審議することが多い．そのため，審議会には，体育・スポーツに精通し，専門的な知識を有した委員が複数必要であり，定期的に会議を開催するなど付随する業務は多岐にわたる．特に，規模の小さい町村では，スポーツを専任とする職員も少なく，審議会を運営することは困難であることが推察できる．

表6-2　スポーツ基本法におけるスポーツ推進審議会に関する規定

（都道府県及び市町村のスポーツ推進審議会等）
第31条　都道府県及び市町村に，地方スポーツ推進計画その他のスポーツの推進に関する重要事項を調査審議させるため，条例で定めるところにより，審議会その他の合議制の機関（以下「スポーツ推進審議会等」という．）を置くことができる．

（1）　日本のスポーツ施設の現況

　スポーツはさまざまな競技があるが，そのほとんどは，施設を必要とする．そのため，スポーツ施設の整備は，スポーツを振興する上で欠かすことのできない要素である．スポーツ庁が実施した体育・スポーツ施設現況調査によると，日本のスポーツ施設の総数は，18万7184ヶ所である［スポーツ庁 2018］．その内訳を見ると，学校体育・スポーツ施設数は，11万3054ヶ所で，全体の60.4％を占めている．つまり，日本の体育・スポーツ施設の約6割は小学校，中学校，高校の施設ということになる．次に多いのが，公共スポーツ施設である[2]．公共スポーツ施設数は，5万1611ヶ所で，全体の27.6％である．3番目は，民間スポーツ施設であり，その施設数は，1万6397ヶ所である．4番目が，大学（短期大学を含む）・高等専門学校の体育施設であり，その施設数は6122ヶ所である（図6-1）．

　以上のデータから，学校の体育・スポーツ施設と公共スポーツ施設を合わせると全体の9割近くになることがわかる．2022年度版の文部科学統計要覧によると，日本の学校（小学校，中学校，義務教育学校，高校，中等教育学校）は，9割以上が公立の学校である[3]［文部科学省 2022］．公立学校の設置者は，自治体の教育委員会であるため，日本のほとんどの体育・スポーツ施設は自治体が管轄する施設であるということが指摘できる．

　公共スポーツ施設は今後，老朽化や財政状況の悪化等により，施設の安全性を維持し十分に提供することが困難になることが想定される．そのため，地域のスポーツ環境を充実したものにするためには，学校体育・スポーツ施設を有効に活用することが重要となる．前述の体育・スポーツ施設現況調査によると，2017年度実績として，9割の市町村が学校開放を実施している[4]．施設別でみると，体育館の開放率は90.4％で最も高く，続いて屋外運動場（開放率：80.8％）である[5]．一方で，水泳プールの開放率は23.1％，屋外テニスコートの開放率は22.1％となっている．このように，体育館や屋外運動場は保有する学校の8割以上が開放しているが，水泳プールや屋外テニスコートは2割程度しか開放されておらず，施設の種類によって，開放されやすさに差が生じている．

　また，学校体育・スポーツ施設の利用対象者をみてみると，60.9％の体育館

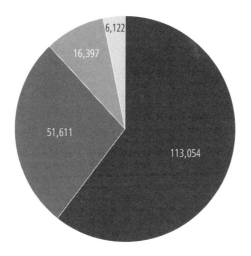

■ 学校体育・スポーツ施設　　■ 公共スポーツ施設
■ 民間スポーツ施設　　　　■ 大学・高専体育施設

図 6-1　日本体育・スポーツ施設数の現況

出所）スポーツ庁「平成 30 年度体育・スポーツ施設現況調
　　　査結果の概要」をもとに筆者作成.

は，学区の縛りは設けないが，利用者をクラブ（団体）に限定しており，個人
の利用はできない．また屋外運動場でも，58.9％の運動場が，学区の縛りを設
けずに利用者をクラブ（団体）に限定している．このように，体育館及び屋外
運動場ともに，利用者をクラブ（団体）のみと制限している施設は約 6 割程度
あり，個人利用はしづらい状況となっている．

　学校体育・スポーツ施設の開放は進んでいる一方で，その内実は，開放され
る施設の種類に差があったり，利用者が団体のみであったりするなど，さまざ
まな制限も存在することが明らかになっている．いつでも気軽にスポーツに親
しむことができるようにするためには，上記のような課題を克服し，より積極
的に学校体育・スポーツ施設を利用できるような制度を整備していく必要があ
る．

（2）　公共施設の管理

　日本の公共施設は，行動経済成長期に整備されたものが多く，今後は一斉に
老朽化が進み，建て替えや修繕といった更新をまとめて行わなければならない

ことが想定される．一方で，少子高齢化により社会保障費は増大し，自治体の財政状況は大変に厳しい状況が続いている．また，地方を中心に人口減少は著しく，公共施設の利用需要も変化していくことが想定される．このような状況において，既存の公共施設をそのまま維持していくことは困難であり，今後は，長期的な視点に立って，公共施設の更新や統廃合などを計画的に進め，公共施設の最適な配置を検討していく必要がある．そこで2014年に，総務省はすべての自治体に対して，公共施設等の総合的かつ計画的な管理を推進するための計画（公共施設等総合管理計画）の策定を要請した．2021年3月末時点で，99.9％の自治体が公共施設等総合管理計画を策定している．当然，スポーツ施設は，自治体全体の施設計画の中で検討されるわけであり，今後，統合や廃止される施設が出てくることが想定される．近年，スポーツだけを行う施設ではなく，防災拠点としての機能を備えるなど施設の多機能化が進められている．スポーツ「だけ」ができる施設ではなく，スポーツ「も」できる施設というような新たな「スポーツ施設」の形が模索されている．

　このように公共スポーツ施設を取り巻く現状は厳しく，施設の集約化や複合化，民間のノウハウの活用などさまざまな改革が実施されてきた．そのひとつに施設の管理形態の多様化がある．これまで公共施設は，自治体が直接管理し運営することが基本であったが，2000年代に入り，公共施設の管理形態は柔軟なものとなった．公共スポーツ施設の管理形態は，主に4つに分類できる．第1に自治体直営がある．自治体直営は，前述のとおり自治体みずからが直接，その施設を管理し運営するという方法である．そのために，自治体職員を施設に配置し，事業を企画・運営する．第2に指定管理者制度がある．指定管理者制度は，その施設の管理運営を民間事業者や自治体が出資する法人（例えば，スポーツ事業団）に委託し，自治体はその委託費を支払うという方法である．公共スポーツ施設の管理運営に民間事業者のノウハウを導入し，利用者の増大や満足度向上，自治体経費の削減を目指している．第3に管理許可方式がある．管理許可方式は，事業者が使用料を自治体に支払い，管理運営者となってその施設の管理運営を行うという方法である．事業者の経営の自由度は高く，施設の改築等もできる場合が多い．一方で，営業収入が使用料を上回れば黒字となり事業者の収益となるが，上回らなければ赤字となり事業者の損失となる．第4にPFI方式がある．PFI方式は，民間の資金や経営ノウハウを活用して，公共施設を管理運営する方法である．あくまで発注者は自治体であるが，事業

者がその施設の設計，建設，運営，維持，管理まで幅広く関与する．その結果，公共サービスの質を高めながら，行政の負担は軽減されるといわれている．

3 ▶ 自治体が提供するプログラム

（1）スポーツ教室や市民スポーツ大会の開催

　自治体の役割は，社会にとって大切な公共的な価値を具現化することである．スポーツに関してみると，自治体のスポーツを扱う部署は住民の身近なスポーツ環境を整備することが最重要課題となる．したがって，自治体はより多くの人が気軽にスポーツに参画できるようにするために，さまざまなプログラムを用意している．そのひとつがスポーツ教室の開催である．スポーツ教室の開催は，ほとんどの自治体で確認できる事業で，自治体のスポーツに関連する事業としては代表的なプログラムのひとつである．スポーツ教室は気軽にスポーツに参加できるメリットがある反面，参加者が固定化したり，競技の偏りが出てしまったりするなどの課題もある．そのため，より多くの人が，継続して主体的にスポーツに親しむことができるよう，自治体によってさまざまな工夫が施されている．

　例えば，初心者向けや中級者向けなど技能レベルに分けて教室を開いたり，障害者や親子を対象とした教室を開催したりするなど，さまざまな人が気軽にいろいろなスポーツに参加できるように配慮をしている自治体もある（表6-3）．また，東京オリンピック・パラリンピック競技大会を契機に，ボッチャなどのパラリンピックで行われるような障害者スポーツに触れる機会を提供している自治体も多く見られるようになった．「スポーツ」として認識されるものは，社会や時代とともに変化し，固定されたものではない．つまり，サッカーやバレーボールなどいわゆる運動競技だけがスポーツではないのである．スポーツは，やり方の工夫次第で，障害の有無や年齢に関わらず，すべての人が一緒に楽しむことができる．スポーツ教室の開催が，障害者理解や多様性の理解につながる可能性もある．また，馴染みの薄いスポーツに触れる機会としても，スポーツ教室は機能している．自治体は，限られた資源を工夫しながら，より多くの人がさまざまなスポーツに触れる機会を提供していくべきである．なお，このような取組は，自治体みずからが企画し開催する場合もあるが，当該施設を指定管理者に委託している場合などは，その指定管理者が開催する場合もある．

表 6-3　自治体が開催しているスポーツ教室の一例

はじめてのインラインスケート	大人向けスポーツ教室 「はじめてのナイトラン」
はじめてのスケートボード	大人向けスポーツ教室 「はじめての卓球」
Sports for All　水球	大人向けスポーツ教室 「はじめての硬式テニス」
障害者スポーツ教室 「リフレッシュ体操」	子育て支援スポーツ教室 「はじめてのエアロ」
障害者スポーツ教室 「ジュニア水泳」	産後ヨーガ（親子）
土曜学校ボッチャ	ジュニアサッカー
ユニバーサルスポーツ教室 「水中ポールウォーキング体験」	ジュニアテニス
ユニバーサルスポーツ教室 「水中ウォーキング」	ジュニア HIPHOP ダンス
親子インラインスケート体験	ジュニア剣道
親子でボール遊び	幼児器械運動
親子体操	幼児サッカー
親子テニス	幼児運動
夏休みジュニアウォーターダンス	幼児水泳
夏休み幼児リズム体操	

出所）武蔵野市の HP から抜粋．

　また，スポーツ教室だけでなく，スポーツ大会を実施している自治体もある．例えば，福井市は，福井市教育委員会と公益社団法人福井市スポーツ協会との共催で市民スポーツ大会を開催している．福井市市民スポーツ大会は 2022 年で 73 回目を迎え，長い歴史を有した地域に根ざした大会となっている．71 回大会と 72 回大会は新型コロナウィルスにより中止を余儀なくされたが，近年では小学生から大人まで，延べ 9 千人近くが参加する大会となっている[6]．73 回大会では，競技数は 31 に上り，5 月下旬から 8 月上旬にかけて，福井市内の各会場で競技が行われた（表 6-4）．大会は，① 地区対抗，② 高校，③ 中学校，④ オープン競技という 4 つの部に分かれており，福井市民もしくは市内の学校に通学している者でなければ大会に参加することはできない[7]．また地区対抗の部では，直近の国際大会に出場した選手は当該競技のみ参加することが

96

表 6-4 第 73 回福井市市民スポーツ大会の競技一覧

1. 軟式野球	11. バスケットボール	22. 綱引
2. ソフトボール	12. 柔道	23. アーチェリー
3. バレーボール	13. ボクシング	24. 銃剣道
4-1. ソフトバレーボール（シルバーの部）	14. ウェイトリフティング	25. ボウリング
4-2. ソフトバレーボール（一般の部）	15. オリエンテーリング	26. バウンドテニス
5. テニス	16. ハンドボール	27. ゴルフ
6. バドミントン	17. 卓球	28. グラウンド・ゴルフ
7. サッカー	18. エスキーテニス	29. インディアカ
8. ゲートボール	19. 陸上競技	30. マレットゴルフ
9. 弓道	20. ライフル射撃	31. スティックリング
10. ソフトテニス	21. 水泳	

注）なお，第 73 回大会ではサッカー，柔道，ハンドボールは中止となった.
出所）（公社）福井市スポーツ協会の HP から抜粋.

できないとするなど，多くの人が白熱した試合を楽しめるような配慮もなされている．表 6-4 からわかるように実施競技は専門性の高いものから誰でもすぐに参加できるものまで多岐にわたる．福井県で誕生した「マレットゴルフ」や「スティックリング」が競技として行われるなど地域的な特色も打ち出されている．市民スポーツ大会の開催は，スポーツをする上で目標となったり，よりうまくなりたいというやる気を生み出したりするなど，スポーツを始めるきっかけだけでなく，継続するモチベーションにもなり得るものである．市民スポーツ大会の開催は，その地域を盛り上げ，市民のスポーツライフの充実につながることが期待される．

（2） 地域スポーツクラブの育成支援

　スポーツを日常的に継続して楽しむためには，その拠点となる「場」が欠かせない．スポーツ教室は，毎日開催されているわけではなく，必ずしも自分が行いたい教室があるわけでもない．また，「スポーツを教わる」という関係性が継続してしまうという課題もある．したがって，主体性を持って継続的にスポーツに親しむためには，活動拠点となるクラブに所属し，スポーツを行うこ

とが有効である.

　日本では, 1990 年代から国を中心に, 地域のスポーツ活動の拠点となる「総合型地域スポーツクラブ」を全国に設置する取り組みが行われてきた. 総合型地域スポーツクラブの具体的な特徴としては, ① 子どもから高齢者まで「多世代」が集い, ②「多種目」のスポーツを楽しむことができ, ③ 初心者からトップレベルまで,「多志向」に応じて参加できるというものであり, 地域住民が自主的・主体的に参画して運営される公益性の高いスポーツクラブである.「総合型地域スポーツクラブ」の構想は, 1994 年に超党派のスポーツ議員連盟のプロジェクトチームから発表された「スポーツ振興政策（スポーツの構造改革―生活に潤い, メダルに挑戦）」を端緒とする［日本体育協会 2013］. 誰もが自由に参加できるスポーツクラブを, 中学校区程度に 1 ヶ所ずつ, 全国で 1 万カ所程度を設置する旨が示された. そして, 1995 年から文部省（当時）が「総合型地域スポーツクラブ育成モデル事業」を開始し, 総合型地域スポーツクラブを全国に展開する政策が始まったのである. 2000 年に文部大臣（当時）が策定したスポーツ振興基本計画においても, 総合型地域スポーツクラブの全国展開は,「政策目標を達成するための必要不可欠な施策」として提示され,「2010 年までに, 全国の各市区町村において少なくとも 1 つは総合型地域スポーツクラブを育成する.」という到達目標が示された.「総合型地域スポーツクラブ育成モデル事業」は 2004 年度までの 9 年間にわたって実施され, その後も, 総合型地域スポーツクラブを地域に育成する事業が進められた.

　前述のとおり, 総合型地域スポーツクラブは中学校区を単位として想定しているため, その設置に向けた支援の実務は自治体が担当することになる. そのため, スポーツ振興基本計画に総合型地域スポーツクラブに関する施策が提示されると, その後に策定された自治体のスポーツに関する計画のほとんどに, 総合型地域スポーツクラブの普及策が提示された［成瀬 2013］. 総合型地域スポーツクラブの設置支援は, 自治体のスポーツ政策の中心的な課題のひとつとなり, その地域に総合型地域スポーツクラブを設置すべく, さまざまな支援事業が展開された. なお, 総合型地域スポーツクラブは, その性格上, 住民の自主的な運営により成り立つものであり, クラブの立ち上げには自治体は関与するが, 自治体自体がクラブを運営するわけではない.

　では実際に, 総合型地域スポーツクラブはどのくらい育成されてきたのだろうか. **図 6-2** は 2002 年以降の総合型地域スポーツクラブ数の推移である.

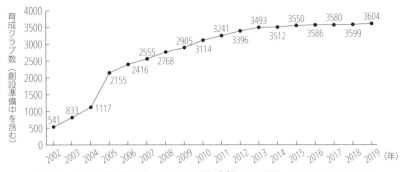

図6−2　総合型地域スポーツクラブ育成状況の推移（2019 年 7 月 1 日時点）

出所）スポーツ庁「令和元年度総合型地域スポーツクラブ育成状況調査」をもとに筆者作成.

2002 年に 541 クラブであったが，3 年後の 2005 年には 2155 クラブとなり，3 年で 4 倍近くも急激に数を増加させた．その後もクラブは増え続け，2019 年には 3604 クラブが設置されたのである．2002 年時点と比較すると，実に 7 倍以上も増加したことになり，ある程度政策の効果があったことが推察できる．しかし，2013 年以降は，増加率は鈍化傾向となっており，クラブ数を増やすという量的拡大の局面からクラブ機能の充実を高めるという質的な側面の支援へと課題が変容していることが指摘できる．

　このように，総合型地域スポーツクラブは順調にその数を増やしているようにみえるが，地域によって，その設置数には開きがある．総合型地域スポーツクラブの設置状況は，都道府県によって大きく異なっている（**表6-5**）．創設済みのクラブが最も多いのは兵庫県で 781 クラブが確認されており，最も少ないのは鳥取県の 23 クラブである．もちろん人口差もあるが，その差は約 33 倍にもなる．一方で，47 都道府県の中で，100 以上のクラブが設置されている自治体は，北海道，東京都，愛知県，兵庫県の 4 つしかなく，その中でも兵庫県の設置数は特出している．

　なぜ，兵庫県はクラブの設置数が他県よりずば抜けて多いのであろうか．それは，兵庫県が展開した政策に起因する．兵庫県は，2000 年から県の全部の小学校区に総合型地域スポーツクラブ「スポーツクラブ 21 ひょうご」（以下，SC21）を設置する支援事業を始めた．財源は法人県民税の超過課税分である．県は，各クラブに対して施設整備費として初年度に 800 万円を支援し，その後，運営補助費として 5 年目まで年 100 万円を助成した[8]．その結果，2005 年度末

表 6-5　2019 年度　総合型地域スポーツクラブ育成状況

		① 市区町村数	② 創設済みクラブ数 (活動休止中クラブ数)	③ 創設準備中クラブ数 (活動休止中クラブ数)	育成クラブ総数 (②＋③)	④ 創設済み又は創設準備中クラブがある市町村	クラブ育成率 (④÷①)
1	北海道	179	148(5)	4(0)	152	99	55.3%
2	青　森	40	35(0)	5(0)	40	32	80.0%
3	岩　手	33	58(1)	4(1)	62	30	90.9%
4	宮　城	35	53(0)	3(1)	56	27	77.1%
5	秋　田	25	74(1)	0(0)	74	25	100.0%
6	山　形	35	66(3)	0(0)	66	35	100.0%
7	福　島	59	79(9)	1(0)	80	48	81.4%
8	茨　城	44	51(1)	0(0)	51	37	84.1%
9	栃　木	25	56(0)	0(0)	56	22	88.0%
10	群　馬	35	41(0)	0(0)	41	25	71.4%
11	埼　玉	63	98(0)	3(0)	101	46	73.0%
12	千　葉	54	82(4)	10(0)	92	36	66.7%
13	東　京	62	141(2)	5(0)	146	58	93.5%
14	神奈川	33	92(1)	1(0)	93	27	81.8%
15	新　潟	30	51(0)	0(0)	51	22	73.3%
16	富　山	15	63(1)	0(0)	63	15	100.0%
17	石　川	19	35(1)	4(3)	39	14	73.7%
18	福　井	17	27(1)	0(0)	27	14	82.4%
19	山　梨	27	30(2)	0(0)	30	22	81.5%
20	長　野	77	67(2)	3(0)	70	48	62.3%
21	岐　阜	42	68(3)	1(0)	69	36	85.7%
22	静　岡	35	62(4)	6(0)	68	26	74.3%
23	愛　知	54	143(6)	2(0)	145	52	96.3%
24	三　重	29	65(1)	2(0)	67	27	93.1%
25	滋　賀	19	57(0)	1(0)	58	17	89.5%
26	京　都	26	60(7)	0(0)	60	22	84.6%
27	大　阪	43	64(0)	1(0)	65	31	72.1%
28	兵　庫	41	781(4)	1(0)	782	41	100.0%

29	奈　良	39	53 (0)	13 (0)	66	39	100.0%
30	和歌山	30	44 (0)	14 (0)	58	25	83.3%
31	鳥　取	19	23 (0)	4 (0)	27	16	84.2%
32	島　根	19	33 (0)	0 (0)	33	11	57.9%
33	岡　山	27	44 (1)	1 (0)	45	22	81.5%
34	広　島	23	37 (1)	3 (0)	40	20	87.0%
35	山　口	19	50 (1)	8 (0)	58	19	100.0%
36	徳　島	24	35 (0)	1 (0)	36	22	91.7%
37	香　川	17	30 (0)	2 (0)	32	15	88.2%
38	愛　媛	20	35 (1)	3 (0)	38	15	75.0%
39	高　知	34	31 (3)	0 (0)	31	23	67.6%
40	福　岡	60	87 (1)	5 (0)	92	49	81.7%
41	佐　賀	20	27 (2)	0 (0)	27	18	90.0%
42	長　崎	21	35 (3)	1 (0)	36	20	95.2%
43	熊　本	45	69 (1)	3 (0)	72	41	91.1%
44	大　分	18	44 (0)	0 (0)	44	18	100.0%
45	宮　崎	26	32 (0)	1 (0)	33	17	65.4%
46	鹿児島	43	53 (2)	15 (0)	68	43	100.0%
47	沖　縄	41	52 (9)	12 (10)	64	34	82.9%

出所）スポーツ庁　「令和元年度総合型地域スポーツクラブ育成状況調査」をもとに筆者作成.

に，県内の全827小学校区にSC21を設置することが完了したのである［スポーツクラブ21ひょうご 2018］.

　2000年に策定されたスポーツ振興基本計画では，2010年までに，全市区町村に少なくとも1つは総合型地域スポーツクラブを育成するという目標が掲げられた．表6-5のとおり，2019年時点で創設準備中のクラブも含めて全市町村に設置されている（クラブ育成率100％）都道府県は，秋田県，山形県，富山県，兵庫県，奈良県，山口県，大分県，鹿児島県の8県しかない．つまり，スポーツ振興基本計画で示された目標は未達であり，この結果が示すように，クラブを創設し活動を継続させていくことは容易なことではないことが推察される.

　総合型地域スポーツクラブを全国に整備するという政策が始まって20年以上が経過する中で，さまざまな課題も浮き彫りになってきた．会員も順調に増

え，活発に活動するクラブがある一方で，活動が停滞してしまい，統廃合するなどして存続できなくなるクラブもある．スポーツ庁によって行われた「令和3年度 総合型地域スポーツクラブに関する実態調査結果」からは，クラブが抱えているさまざまな問題を窺い知ることができる．各都道府県のスポーツ主管課に対して，クラブの現在の課題について選択肢を挙げて調査したところ，「クラブ運営を担う人材の世代交代・後継者確保」(69.2%)，「指導者の確保」(57.5%) や「財源の確保」(42.2%) といった課題が浮かび上がった．設立から20年以上経過したクラブもあり，立ち上げ当初に関わったメンバーも必然的に高齢化しこれまでどおりの活動をすることが困難となってくることが予想される．総合型地域スポーツクラブは会員の自主的な運営をモットーとしているが，新規会員が減り，クラブメンバーが硬直化してしまい，円滑な世代交代ができない難しさが浮き彫りになっている．

スポーツ庁は，2023年度からの3年間で，公立中学校の休日の運動部活動を地域に移行するとしている．総合型地域スポーツクラブは，地域における運動部活動の受け皿の一つとして想定されている．地域移行によって，子どもたちのスポーツ活動の機会が減ってしまっては改革の意味はない．子どもたちがこれまで以上に，スポーツに親しめる環境を整備していかなければならないのである．そのため，総合型地域スポーツクラブに期待される役割は非常に大きい．また，いわゆる文化部も休日の活動を地域に移行することが計画されており，総合型地域スポーツクラブは，音楽などの文化的な活動を行う拠点として機能することも期待されている．単なる自治体の下請けではなく，パートナーとしてその地域をより良くするための協働が必要である．総合型地域スポーツクラブは高い公益性を有したクラブとして，今後益々，その存在意義は高まってくることが予想される．

おわりに

本章では，スポーツ振興における自治体の取組について解説してきた．スポーツ振興を第一義的な使命とする自治体のスポーツを専門的に扱う部署にとっては，市民の幸福のために，より良いスポーツ環境を整備していくことが何よりの任務である．施設は老朽化し，日本の地域スポーツを大きく変貌させる可能性のあった総合型地域スポーツクラブも，新規会員の減少や世代交代がうま

く進まないなど課題が浮き彫りになっている．少子高齢化により社会保障費は増加の一途を辿るとともに，毎年のように，何十年に一度といわれるような自然災害が起こり，自治体の財政は大変に厳しい状況が続いている．新型コロナウィルスの蔓延により，東京圏への人口流入は鈍化したが，それでも地方を中心に人口減少は著しく，行政課題は山積している．そのような中で，スポーツ振興に予算や人員などの資源を十分に配分できるのであろうか．

スポーツの価値が多様化し，スポーツそのものの振興だけでなく，他の政策の目的を達成するための手段としても，スポーツは用いられるようになった．スポーツがさまざまな政策分野に関与することは，スポーツの可能性をさらに広げるとも考えられる．しかし，多様な利害関係を持つ人がスポーツに関わることは，スポーツに直接的に強い関心を持つ人と対立を生む可能性もある．

資源の奪い合いをするのではなく，スポーツの理解を広げてながら，多くの利害を調整して対立を乗り越えていかなければならない．スポーツの本質は楽しさであり，生きがいにもなり得る．スポーツが身近にある生活は，人との繋がりを生み，人生を豊かにし，ひいては地域を元気にするはずである．自治体のスポーツを担当する部署は，さまざまな組織と協力しながら，地域のスポーツ課題に取り組み，市民のより良い市民のスポーツライフの構築に向けて進んでいかなければならない．

注 ≫

1) 沖縄県は沖縄県振興審議会内に「文化観光スポーツ部会」を設置している．
2) 「公共スポーツ施設」とは，社会体育施設と公立社会教育施設に附帯するスポーツ施設のことである．
3) 2022 年度版の文部科学統計要覧によると，2021 年時点の小学校の総数は 1 万 9336 校でそのうち公立校は 1 万 9028 校である．中学校の総数は 1 万 76 校でそのうち公立校は 9230 校である．義務教育学校の総数は 151 でありそのうち公立校は 145 校である．高校の総数は 4856 校でありそのうち公立校は 3521 校である．中等教育学校の総数は 56 校ありそのうち公立校は 34 校である．特別支援学校の総数は 1160 校ありそのうち公立校は 1100 校ある．
4) 2018 年度の体育・スポーツ施設現況調査によると，2017 年度実績として，学校体育施設を開放している市区町村は，全国 1741 市区町村のうち，1570 市区町村（90.2%）であった．2014 年度調査では開放している市町村の割合は 87.4% であり，前回調査より増加した．
5) 開放率とは，その施設を保有するすべての学校のうち，その施設を開放している学校の割合のことである．

6)　中日新聞　2021 年 3 月 23 日付.
7)　第 73 回　福井市市民スポーツ大会実施要項.
8)　朝日新聞　2022 年 6 月 19 日付.

参考文献

菊幸一，齋藤健司，真山達志，横山勝彦編［2011］『スポーツ政策論』成文堂.

公益社団法人全国スポーツ推進委員連合 HP（https://www.zentaishi.com/overview/
　　tabid/78/Default.aspx，2022 年 9 月 17 日閲覧）.

公益社団法人全国スポーツ推進委員連合「令和 4 年度都道府県別スポーツ推進委員数」
　　（http://www.zentaishi.com/Portals/0/overview/令和 4 年度スポーツ推進委員数.pdf,
　　2022 年 9 月 17 日閲覧）.

公益財団法人日本体育協会「総合型地域スポーツクラブ育成プラン 2013」（https://www.
　　japan-sports.or.jp/Portals/0/data/kurabuikusei/doc/club_ikusei_plan2013.pdf（2022
　　年 9 月 15 日閲覧）.

公益社団法人福井市スポーツ協会 HP（http://www.fukuicity-sport.jp/taikai.htm，2022 年
　　9 月 15 日閲覧）.

スポーツクラブ 21 ひょうご「スポーツクラブ 21 ひょうご事業推進のためのガイドライン
　　（平成 31 年改訂版）」（http://www.hyogo-c.ed.jp/~sports-bo/sc21/sc21guideline.pdf,
　　2022 年 9 月 15 日閲覧）.

スポーツ庁「平成 30 年度体育・スポーツ施設現況調査結果の概要」（https://www.mext.
　　go.jp/sports/content/20200422-spt_stiiki-1368165.pdf，2022 年 9 月 15 日閲覧）.

―――――「令和元年度総合型地域スポーツクラブ育成状況調査」（https://www.mext.go.
　　jp/sports/b_menu/sports/mcatetop05/list/detail/1412250_00001.htm，2022 年 9 月
　　15 日閲覧）.

―――――「令和 3 年度 総合型地域スポーツクラブに関する実態調査結果」（https://www.
　　mext.go.jp/sports/b_menu/sports/mcatetop05/list/detail/1412250_00010.htm，2022
　　年 9 月 15 日閲覧）.

成瀬和弥［2013］「都道府県におけるスポーツ推進計画の動向」『スポーツ政策研究』22
　　（1），pp. 35-49.

真山達志，成瀬和弥編著［2021］『公共政策の中のスポーツ』晃洋書房.

武蔵野市 HP（http://www.city.musashino.lg.jp/shiminsanka/kyouiku/shougaigakushuspo
　　rts/1037355.html，2022 年 9 月 17 日閲覧）.

文部科学省文部科学統計要覧（令和 4 年版）（https://www.mext.go.jp/b_menu/toukei/
　　002/002b/1417059_00007.htm，2022 年 9 月 14 日閲覧）.

第**7**章　競技スポーツ政策

出雲輝彦

はじめに

　スポーツ基本法には,「国際競技大会における日本人選手の活躍は, 国民に誇りと喜び, 夢と感動を与え, 国民のスポーツへの関心を高める」「スポーツの国際的な交流や貢献が, 国際相互理解を促進し, 国際平和に大きく貢献するなど, スポーツは, 我が国の国際的地位の向上にも極めて重要な役割を果たす」と記されており, ここに国際競技力の向上の意義を見出すことができる. しかしながら, 令和4年度のスポーツ庁の競技力向上関連予算の概算要求額が約170億円であること, また, これに各自治体の競技スポーツ関連予算を合算した場合, 日本全体で相当の公費投入になることを考えると, 出雲 [2008] が「国際競技力は国力の一要素である」と指摘しているように, より現実的な意義を見出す必要がある. いずれにしても, 今日, 国際競技力の向上は国の政策課題の1つとして位置づけられており, その成否は国と地方がいかに連携・協働・役割分担できるかにかかっている.

　本章では, 自治体の競技スポーツ政策を「自治体における競技スポーツの推進並びに競技力向上を図る上での基本方針と施策・事業等の体系」と定義する. なお, 自治体の競技スポーツ政策には, 他の自治体, 民間団体, 国等との協力・連携のもと遂行される施策・事業等も含まれる. また, 本章執筆にあたっての視座については, 広域的な自治体の競技スポーツ政策に焦点を当てて論考するものであり, 主として第62回〜第69回の国民体育大会の8開催都県について, 論考する際の参考対象とした.

　以下では, まず, 1964年の東京オリンピックを起点として, 2012年策定のスポーツ基本計画の期間満了までの自治体の競技スポーツ政策の展開について概観する. 次に, 自治体の多岐にわたる競技スポーツ政策のうち, 主要な政策 (国民体育大会, 次世代アスリートの発掘・育成・強化) について概観する. 最後に, 本章のまとめとして, 自治体の競技スポーツ政策の課題を指摘するとともに若干の提言をおこなう.

　自治体の競技スポーツ政策の展開

（1）　1964 年東京オリンピックに向けて

　自治体の競技スポーツ政策の端緒を一律に明確化することは困難であるが，1964 年の東京オリンピックに向けての競技力向上策の一部分に自治体が関わったところから，その始まりがあったと言っても過言ではない．1949 年に制定された社会教育法（第 13 条）は，社会教育関係団体（体育及びレクリエーション関連団体を含む）に対する国及び自治体からの補助金交付を禁止するものであったが，1957 年の同法一部改正により，まず，運動競技に関する全国的及び国際的な事業を行う団体への国からの補助金交付につては同規定適用外となった．これにより文部省（現，文部科学省）から日本体育協会（現，日本スポーツ協会）への補助金が交付されることになり，1964 年の東京オリンピックに向けた選手強化等の財政基盤が整うこととなった．1960 年 1 月には JOC 内の専門委員会として「東京オリンピック選手強化対策本部」が設立され，選手強化策が講じられることになる．1960 年 6 月には同本部から各都道府県知事及び教育委員会に地方での東京オリンピック選手強化対策の推進についての協力依頼がなされた．具体的には都道府県への選手強化予算その他の措置についての依頼であり，その後も，体協加盟地方団体強化組織を通じて都道府県にトレーニング・センターの建設整備等に関する協力依頼もなされた．その結果，各競技団体強化選手の運動施設利用についての教育委員会からの協力や東京都教育委員会，大島町，諏訪市などにおけるトレーニング・センター設置についての協力が得られた．

　以上のように，自治体の競技スポーツ政策の端緒が 1964 年の東京オリンピック開催に関連したものであったが，各自治体が主体的におこなった競技スポーツ政策というものではなく，国の競技力向上策に協力するというものであったと言えよう．

（2）　国民体育大会の開催に向けて

　国民体育大会は，公益財団法人日本体育協会（現，日本スポーツ協会）が 1946 年に第 1 回大会（京阪神地域）を開催して以降，毎年，各都道府県持ち回りで開催されている．第 3 回大会（1948 年：福岡県）から都道府県対抗方式が確立し，

天皇杯と皇后杯が創設され，第 5 回大会（1950 年：愛知県）からは文部省が主催者に加わり，第 10 回大会（1955 年：神奈川県）からは開催地都道府県も主催者に加わった．第 43 回大会（1988 年：京都府）から二巡目に入り，全国を東・中・西地区に分けて順に開催している．

　第 75 回大会（2020 年：鹿児島），第 76 回大会（2021 年：三重県）は新型コロナウィルス感染症の感染状況拡大のため中止となった．第 75 回大会（鹿児島県）は 2023 年に特別国民体育大会として延期開催される予定であるが，第 76 回大会（2021 年：三重県）は開催返上の上，代替大会を開催することとなった．第 78 回大会（2024 年：佐賀県）は国民スポーツ大会に名称変更され開催される予定である．

　1948 年から都道府県対抗方式が確立し，天皇杯と皇后杯が創設されてから，各都道府県が国民体育大会において良い成績を目指すようになっていくことは必然であり，特に，開催地都道府県が天皇杯・皇后杯の獲得を目指すことは大会を盛り上げるという意味でも不可避の課題となったものと考えられる．第 19 回大会（1964 年：新潟県）において東京都以外で初めて地元が天皇杯・皇后杯を獲得して以降，天皇杯については第 70 回大会（2015 年：和歌山県）まで 1 大会を除き連続して開催地都道府県が獲得している．また，第 33 回大会から第 68 回大会までは，1 大会を除き開催地都道府県が天皇杯・皇后杯の両方を獲得している．

　1959 年の社会教育法の一部改正により自治体から体育協会等への補助金交付が可能となったこともあり，特に 1960 年代以降，国民体育大会に向けての各自治体の競技スポーツの推進および競技力向上は，自治体の競技スポーツ政策の主要テーマとなった．

（3）　日本の国際競技力の低下を受けて

　1972 年の保健体育審議会答申「体育・スポーツの普及振興に関する基本方策について」（47 答申）に競技スポーツに関する言及がなかったように，この時期の自治体におけるスポーツ政策上の課題はスポーツ環境の整備であった．すなわち，公共スポーツ施設整備，指導者の養成・確保が優先課題となっていた．したがって，競技スポーツ政策については，国民民体育大会の開催を控えた自治体に限定されたものであったと言えよう．

　1964 年の東京オリンピックにおいて日本の金メダル獲得数が 3 位であった

ことや，その後のオリンピック，世界選手権等での日本人選手・チームの活躍
により，国民の多くは日本の競技スポーツの水準は国際的に高いものと認識し
ていた．ところが，日本の国際競技力の低下がオリンピックのみならずアジア
競技大会においても見られるようになり，日本のスポーツ関係者等は危機感を
募らせることになった．そして，1987年の「教育改革に関する第三次答申」
(臨時教育審議会)，1988年の「スポーツ振興に関する報告書」(スポーツの振興に
関する懇談会) 及び1989年の「二一世紀に向けたスポーツ振興方策について」
(保健体育審議会答申) の中で，日本の国際競技力向上の意義について触れられ，
国際競技力の向上を図ることの必要性等が提言されるに至った．文部省におい
てもこれに呼応し，1988年7月，体育局に競技スポーツ課を設置して競技力
の向上を図るための積極的な対応をすることになった．そして，こうした国の
行政組織内での競技スポーツ担当部署の設置は自治体のスポーツ行政組織にお
いても波及することになり，地方での競技スポーツ政策推進の組織基盤が確立
されることになった．

（4） スポーツ振興基本計画と自治体の競技スポーツ政策

　「スポーツ振興基本計画」以前，日本のスポーツ政策としての役割を果たし
ていたのが保健体育審議会の答申であった．1989年の同審議会答申「21世紀
に向けたスポーツ振興方策について」において，各地域における競技力向上の
ためのジュニア対策 (一貫指導) の推進にあたり，都道府県教育委員会がその
体制づくりを進めること等が示された．また，1987年の同審議会答申「生涯
にわたる心身の健康の保持増進のための今後の健康に関する教育及びスポーツ
振興の在り方について」において，各都道府県が国民体育大会に向けての競技
力向上事業を展開するだけではなく，国際競技力向上の観点からも関係団体等
と連携・協力をしてジュニア期の育成に関する事業を実施する必要性等が示さ
れた．

　1961年制定の「スポーツ振興法」の第4条「文部大臣は，スポーツの振興
に関する基本的計画を定めるものとする．」に基づき，2000年9月に「スポー
ツ振興基本計画」が策定された．スポーツ振興法第14条では「国及び地方公
共団体は，わが国のスポーツの水準を国際的に高いものにするため，必要な措
置を講ずるよう努めなければならない．」と規定されており，これを受けて，
スポーツ振興基本計画において「競技力の向上につながるようなスポーツ環境

表 7-1 「スポーツ振興基本計画」が示す自治体の役割等

主要な課題	自治体の役割等
【トレーニング拠点の整備】 ○地域における強化拠点の整備	競技団体は，この地域の拠点を核として一貫指導が適切に実施されるよう，地方公共団体と連携を図りながら，この拠点における専門的な技術指導者の確保やスポーツ医・科学面でのサポート体制の整備に努める．
【競技者が安心して競技に専念できる環境の整備】 ○トップレベルの競技者に対するセカンドキャリア支援の充実	地方公共団体は，トップレベルの競技者を引退後に学校の特別非常勤講師等として採用し，その経験を競技力向上や青少年の教育へ活用することが望ましい．
【スポーツ医・科学の活用】 ○我が国におけるスポーツ情報に関する中枢的機能の確立	JISS は，我が国におけるスポーツ情報に関する中枢的な機関として，体育系大学をはじめとする研究機関，競技団体及び地方公共団体等との連絡体制を確立し，スポーツ医・科学に基づいたトレーニングやコーチングの方法，スポーツ医・科学研究の最新成果及び優れた素質を有する競技者に関する情報等の競技力向上に有用な情報の収集及び提供を行う．
【国際的又は全国的な規模の競技大会の円滑な開催等】 ○国際競技大会等に参加するボランティアの組織化	地方公共団体や競技団体は，相互に協力しつつ，国際競技大会等におけるボランティアの窓口となる組織を整備し，その募集に関する広報活動等を行うことが望ましい．

出所）スポーツ振興基本計画をもとに筆者作成．

を整備することは，国，地方公共団体の重要な責務である．」と示された．同計画で示された「競技力の向上につながるようなスポーツ環境の整備」とは，競技者の育成・強化を直接担う競技団体が作成したトップレベル競技者の育成方針に基づき競技者を育成する仕組みの基盤となる強化拠点の整備をはじめとして，指導者の養成・確保及び競技者が安心して競技に専念できる環境整備の総合的推進を意味するものであり，具体的内容等は**表 7-1** の通りである．**表 7-1** が示すように，スポーツ振興基本計画において自治体に対して具体的方策が示されたのは，「トップレベルの競技者に対するセカンドキャリア支援の充実」と「国際競技大会等に参加するボランティアの組織化」についてであり，その他については競技団体や JISS との連携・協力等を示すものであった．

　スポーツ振興基本計画は策定から 5 年後の 2006 年に改定された．**表 7-2** の通り，競技団体が行う優れた素質を有する競技者の発掘手法の研究開発等への自治体の協力と，JISS の追加機能（国際競技力の向上に直結するスポーツ医・科学研究，競技者の治療やリハビリテーション等）についての自治体の協力等が新たに明記

表 7-2 「スポーツ振興基本計画（改定）」が示す自治体の役割等

主要な課題	自治体の役割等
【一貫指導システムの構築】 ○優れた素質を有する競技者の発掘 手法の研究開発等	競技団体が，競技特性を踏まえた客観的な指標に基づき，優れた素質を有する競技者を発掘できるよう，各競技における競技者育成プログラムの内容等を勘案した上で，競技者の発掘手法に関する調査研究を行う．この調査研究に当たっては，JOC や国立スポーツ科学センター，体育系大学等と連携し，トップレベルの競技者の身体特性等の情報を活用しつつ，地方公共団体の協力を得ながら行う．
【トレーニング拠点の整備】 ○地域における強化拠点の整備等	競技団体は，この地域の拠点を核として一貫指導が適切に実施されるよう，地方公共団体と連携を図りながら，この拠点における専門的な技術指導者の確保やスポーツ科学・医学・情報面でのサポート体制の整備に努める．
【競技者が安心して競技に専念できる環境の整備】 ○トップレベルの競技者に対するセカンドキャリア支援の充実	地方公共団体は，トップレベルの競技者を引退後に学校の特別非常勤講師等として採用し，その経験を競技力向上や青少年の教育へ活用することが望ましい．
【スポーツ医・科学の活用】 ○スポーツ医・科学研究の推進等	JISS は，体育系大学をはじめとする研究機関，競技団体，地方公共団体等と積極的に研究協力，情報交換を行いつつ，国際競技力の向上に直結するスポーツ医・科学研究，競技者として復帰するための治療やリハビリテーション等を行う．
【スポーツ医・科学の活用】 ○我が国におけるスポーツ情報に関する中枢的機能の確立	JISS は，我が国におけるスポーツ情報に関する中枢的な機関として，体育系大学をはじめとする研究機関，競技団体及び地方公共団体等との連絡体制を確立し，スポーツ医・科学に基づいたトレーニングやコーチングの方法，スポーツ医・科学研究の最新成果及び優れた素質を有する競技者に関する情報等の競技力向上に有用な情報の収集及び提供を行う．
【国際的又は全国的な規模の競技大会の円滑な開催等】 ○国際競技大会等に参加するボランティアの組織化	地方公共団体や競技団体は，相互に協力しつつ，国際競技大会等におけるボランティアの窓口となる組織を整備し，その募集に関する広報活動等を行うことが望ましい．

出所）スポーツ振興基本計画（改定）をもとに筆者作成．

されただけで，その他の自治体の競技スポーツ政策に関連したもので大きな変化はなく改定前の計画を引き継ぐものであった．なお，スポーツ振興法では，自治体の競技スポーツ政策に関連するものとして，第14条（スポーツの水準の向上のための措置）のみならず，第6条（国民体育大会），第11条（指導者の充実），第15条（顕彰），第16条（スポーツ事故の防止）等が規定されていた．また，1998年の同法改正から，第16条第2項（プロスポーツの選手の競技技術の活用）が追加

された．ただし，第 17 条（科学的研究の促進）については国の役割とされていた．
したがって，スポーツ振興基本計画に明示されていなくても，スポーツ振興法
に基づいて自治体における競技スポーツ政策が展開されることもあった．

（5） スポーツ基本計画と自治体の競技スポーツ政策

　スポーツ基本計画は，スポーツ基本法（平成 23 年法律第 78 号）第 9 条に基づ
き策定された．同法第 3 章（基本的施策）の第 3 節に競技水準の向上等が規定さ
れているが，第 25 条（優秀なスポーツ選手の育成等），第 26 条（国民体育大会及び全
国障害者スポーツ大会），第 27 条（国際競技大会の招致又は開催の支援等），第 28 条
（企業，大学等によるスポーツへの支援）および第 29 条（ドーピング防止活動の推進）は
主として国の役割として示されている．ただし，同法第 3 章以外にも競技水準
の向上に資する施策等はあり，国と自治体の競技スポーツ政策に関連するもの
としては，第 11 条（指導者等の養成等），第 12 条（スポーツ施設の整備等），第 14
条（スポーツ事故の防止等）および第 20 条（顕彰）が示され，国の役割とするも
のとしては，第 15 条（スポーツに関する紛争の迅速かつ適正な解決），第 16 条（スポ
ーツに関する科学的研究の推進等），第 18 条（スポーツ産業の事業者との連携等）および
第 19 条（スポーツに係る国際的な交流及び貢献の推進）が示されている．
　スポーツ基本法では，自治体が「スポーツ基本計画を参酌して，その地方の
実情に即したスポーツの推進計画を定めることに努めるものとする」と示され
ている．そして，同計画がその計画策定の指針となるように国と自治体が果た
すべき役割に留意して策定されている．同計画において明確に示されている自
治体の競技スポーツ施策に関する具体的内容等は**表 7-3** の通りである．
　表 7-3 が示すように，スポーツ基本計画において主として自治体の役割とし
て示されたのは「スポーツ界における好循環の創出に向けたトップスポーツと
地域におけるスポーツとの連携・協働の推進」に関連したものであった．そこ
では，日本の競技スポーツのすそ野を充実させることによる国としての競技力
向上を図るものであり，そのために国と自治体が次世代アスリートの発掘・育
成の体制を整備するものである．具体的には，自治体は，国，スポーツ団体等
から派遣されるトップアスリートやその経験を有する優れた指導者が総合型地
域スポーツクラブや学校等の指導で活用できるように支援等をすること，また，
その際，自治体等が，ジュニアアスリートの学業やキャリア形成に配慮した適
切な支援をすることも求められている．このように，スポーツ振興基本計画よ

表 7-3　「スポーツ基本計画」が示す自治体の役割等

4．国際競技力の向上に向けた人材の養成やスポーツ環境の整備	
【ジュニア期からトップレベルに至る戦略的支援の強化】	（地方公共団体等）ジュニアアスリート個々の特性や発達段階，学業とのバランスや本人のキャリア形成にも配慮した適切な支援
7．スポーツ界における好循環の創出に向けたトップスポーツと地域におけるスポーツとの連携・協働の推進	
【トップスポーツと地域におけるスポーツとの連携・協働の推進】	（国・地方公共団体）地域スポーツ活動から潜在的な能力のある次世代のアスリートを戦略的に発掘・育成する体制の整備
	（スポーツ団体）トップアスリートが指導者として資質向上を図るための支援，トップアスリート等としての経験を有する優れたスポーツ指導者等の総合型クラブや学校等への派遣（地方公共団体と連携）
	（国）広域市町村圏（全国 300 箇所程度）を目安とした育成拠点クラブの育成，拠点クラブへのトップアスリート等としての経験を有する優れたスポーツ指導者の配置と地域クラブや学校（体育）への巡回指導等の実施体制の整備
	（地方公共団体）トップアスリート等としての経験を有する優れたスポーツ指導者等を活用した総合型クラブの活動や学校の体育に関する活動等の支援　←　スポーツ推進委員活用
	（総合型クラブ等地域スポーツクラブ）専門性を有するトップアスリート等の積極的活用
	（国・地方公共団体）トップアスリート等としての経験を有する優れたスポーツ指導者の学校での活用の推進
	（地方公共団体等）ジュニアアスリート個々の特性や発達段階，学業とのバランスや本人のキャリア形成にも配慮した適切な支援

出所）スポーツ基本計画をもとに筆者作成.

りも，スポーツ基本計画においては自治体の競技スポーツ施策の在り方が具体的に示されたことが特徴として挙げられる．

　第 2 期スポーツ基本計画で示されている国の競技スポーツ政策をまとめると表 7-4 の通りである．表 7-4 が示すように同計画から自治体の役割等がほとんど明記されなくなった．唯一明記されていたのが，国民体育大会へのオリンピック競技種目の導入や同大会に向けた都道府県におけるアスリート発掘・育成等により，国民体育大会を国際競技力向上に役立たせるものであった．した

表 7-4　第 2 期スポーツ基本計画における国・自治体等の役割等

3．国際競技力の向上に向けた強力で持続可能な人材育成や環境整備		
【中長期の強化戦略に基づく競技力強化を支援するシステムの確立】	（中央競技団体）中長期の強化戦略を日常的・継続的に更新しつつ実践し，自律的かつ計画的に競技力を強化する
	（JOC，JOC，JPC）中央競技団体の強化戦略におけるPDCA サイクルの各段階で多面的に支援する
	（国）JSC，JOC 及び JPC が相互に連携して得た知見の「ターゲットスポーツ指定時での活用」と「各種事業の資金配分に関する中央競技団体の評価時での活用」
	（国）強化活動全体を統括するナショナルコーチや強化活動を専門的な分野からサポートするスタッフの配置を通じた中央競技団体が行う日常的・継続的な強化活動の支援
	（JOC）トップアスリートの強化活動を支える環境を整備：国及び JSC の支援も活用したナショナルコーチアカデミーの充実，審判員・専門スタッフ等の海外研さんの機会確保によるナショナルコーチの資質向上と中央競技団体におけるスタッフ充実
	（JPC）上記と同様の取組みについての検討
	（国）女性トップアスリートの競技力向上を支援：女性特有の課題に着目した調査研究や医・科学サポート等の支援プログラム，戦略的な強化プログラムやエリートコーチの育成プログラム等を実施して得られた知見の中央競技団体等での展開
	（国）競技ルールの策定や国際的なコーチ講習会等で講師を担うことができる人材及び世界トップレベルのコーチの育成支援　←　必要な体制整備やプログラムの開発・実施を通じて
	（JSC）競技活動に専念した選手生活の継続を奨励し，競技水準の向上を支える環境を整備：スポーツ振興基金を活用したアスリートに対する助成
【次世代アスリートを発掘・育成する戦略的な体制等の構築】	（国）地域ネットワークを活用した全国各地の有望アスリートの効果的な発掘・育成支援システムの構築　←　地方公共団体
	（国）一定の競技経験を有するアスリートの意欲や適性を踏まえた種目転向支援
	（国）メダル獲得可能性のある競技や有望アスリートをターゲットとした集中的育成・強化に対する支援：スポーツ医・科学，情報等の活用や海外派遣など
	（国・都道府県他）国民体育大会へのオリンピック競技種目導入促進等によるアスリート発掘・育成を含む国際競技力向上に資する大会づくりの推進

【スポーツ医・科学，技術開発，情報等による多面的で高度な支援の充実】	（JSC）「ハイパフォーマンスセンター」の機能強化による中長期的な国際競技力の強化を支える基盤整備
	（国・JSC）トップアスリートに対する多方面からの専門的かつ高度な支援：強化合宿，国際競技大会時における直前準備に必要な機能提供等
	（JSC）スポーツ医・科学，情報等を活用したトップアスリートの強化の支援充実
【トップアスリート等のニーズに対応できる拠点の充実】	（国）NTC 中核拠点の拡充棟の整備等，2020 年東京大会等に向けた競技力強化の支援
4．クリーンでフェアなスポーツの推進によるスポーツの価値の向上	
【コンプライアンスの徹底，スポーツ団体のガバナンスの強化及びスポーツ仲裁等の推進】	（国）スポーツ・インテグリティの基盤を整備：ガイドブックの作成，教育研修プログラムの普及
	（国）国内のスポーツ・インテグリティの質の向上
	（国・日体協）グッドコーチ育成のための「モデル・コア・カリキュラム」の日体協指導者養成講習会への導入，大学等への普及
	（国）スポーツ・インテグリティに一体的に取り組む体制を強化
	（国）スポーツ・インテグリティに関する優れた取組の情報提供によるスポーツ団体の取組の活性化促進
	（国）関係法規を遵守した透明性の高い健全なスポーツ団体の組織運営の促進
	（国）プロスポーツ団体へのコンプライアンスセミナーなどの情報提供や必要な助言
	（国）スポーツ仲裁制度の活用によるスポーツに関する紛争の迅速・円滑な解決の促進
【ドーピング防止活動の推進】	（国）国際的対応ができるドーピング検査員の育成，必要な体制整備による国際大会等の公平性・公正性の確保
	（国）ドーピング防止活動に係る情報共有の仕組み構築によるドーピングの防止
	（国）幅広い層に対する教育研修活動及び学校における指導推進によるドーピングの防止
	（国）最新の検査方法等の開発研究活動支援による巧妙化・高度化するドーピング検出やアスリートの負担軽減の実現
	（国）ドーピング防止教育の国際展開やアジア地域の人材育成などによる国際的なドーピング防止活動への貢献

出所）第 2 期スポーツ基本計画をもとに筆者作成.

がって，スポーツ基本計画で示された「好循環」については削除されたことになる．第2期スポーツ基本計画においては，競技スポーツ政策は国が主導するものと読み取ることができ，自治体の役割については，まさに同計画を参酌して当該地域の競技スポーツ政策を推進するという位置づけになったと考えられる．

2 自治体の主要な競技スポーツ政策

（1） 国民体育大会

　国民体育大会は，自治体の競技スポーツの推進並びに競技力の向上にあたり多大な役割を果たしてきた．特に，開催地都道府県（以下，開催県）においては，約10年の準備期間を費やして競技力の向上を図ったうえで大会に臨むのが一般的で，地元選手の活躍によって大会を盛り上げることのみならず，天皇杯（男女総合成績第1位）及び皇后杯（女子総合成績第1位）を獲得することが，その目的・目標となっている．

　例えば，2026年の第80回国民スポーツ大会の開催を予定している青森県では，2018年1月に「青森県競技力向上基本計画」を策定し，同大会での目標を「天皇杯・皇后杯の獲得」としたうえで，**表7-5** のような基本計画スケジュール等に基づき同県の競技力向上を図っている．

　国民体育大会については，日本の競技スポーツの推進並びに競技力の向上において重要な役割を果たしてきたが，「参加人数の拡大による都道府県の負担増」「トップアスリート参加の困難さ」「一過的で過剰な強化策」などの課題も抱えていた．そこで，国民体育大会委員会等が国体改革に着手することになり，2003年に策定された「新しい国民体育大会を求めて～国体改革2003～」をはじめとして，定期的に策定される提言書を通じて国体改革が図られている．

　表7-6 は，第62回～第69回の国民体育大会開催県の開催年前後5年の男女総合成績順位をまとめたものである．いずれの開催県も開催年に向けて順位を向上（東京都を除く）させ，開催年には第1位となり天皇杯を獲得している．開催県の天皇杯獲得については，ブロック予選を経ずに本大会に出場できる「開催県フルエントリー」にともなう競技得点獲得が大きく影響している．したがって，**表7-6** においては，開催年の結果を抜いた順位の推移をみる必要があり，開催県は国体開催に向けて順位を上げるが，終了後には定位置に戻る傾向があることが窺える．このような課題もあり，国体改革の取組みを踏まえ，国

表 7-5　青森県の第 80 回国民スポーツ大会に向けた競技力向上基本計画（スケジュール・取組み内容・段階的目標等）

年	2016 年	2017 年	2018 年	2019 年	2020 年	2021 年	2022 年	2023 年	2024 年	2025 年	2026 年	2027 年
回	第 71 回	第 72 回	第 73 回	第 74 回	第 75 回	第 76 回	第 77 回	特別	第 78 回	第 79 回	第 80 回	第 80 回
国体（国スポ）開催県	岩手県	愛媛県	福井県	茨城県	鹿児島県（延期）	三重県（中止）	栃木県	鹿児島県	佐賀県	滋賀県	**青森県**	宮崎県
区分	（準備期）	育成期（3 年）			充実期（4 年）				躍進期（4 年）			定着期
推進体制の確立		○組織体制の強化			○組織体制の充実				○組織体制の確立			○高い競技技水準の維持
選手等の発掘・育成・強化		○競技人口の拡大　○ジュニア選手の発掘・育成事業の拡充			○ジュニア選手の発掘・育成・強化　○成年選手の育成・強化　○トップレベル選手の育成・強化				○トップレベル選手の育成・強化　○ジュニア選手の発掘・強化			○競技を継続しやすい環境
指導体制の確立		○指導者の養成・確保　○指導体制の整備			○指導者の資質向上　○一貫指導体制の確立				○選手強化体制の充実			○青森の子どもたちの全国大会等での活躍 他
諸条件の整備	競技力向上に向けた情報調査会議	○競技環境の整備　○スポーツ医・科学を活用した事業構築			○競技環境の充実　○スポーツ医・科学を活用した事業推進				○支援体制の確立			
国体成績の段階的目標（順位・競技得点）※参加点 400 点含む	40 位	40 位台（350 点）→ 30 位台（450 点）			20 位台（550 点）→ 10 位台（800 点）				10 位以内（1100 点）→ 天皇杯（2200 点以上）			
実績（男女総合順位）	40 位	35 位	42 位	45 位	─	─	─	─	─	─	─	─

出所：「青森県競技力向上基本計画（令和 3 年 3 月改訂）」の図表をもとに筆者作成.

表 7-6　国民体育大会（第 62〜69 回）開催県の開催年前後 5 年の男女総合成績順位

回	開催年	開催県	5年前	4年前	3年前	2年前	1年前	開催年	1年後	2年後	3年後	4年後	5年後
第62回	2007	秋田県	24	24	33	23	10	1	23	30	28	19	36
第63回	2008	大分県	19	19	20	16	11	1	14	18	24	19	22
第64回	2009	新潟県	35	31	30	19	18	1	15	33	22	25	40
第65回	2010	千葉県	12	9	8	6	6	1	7	7	7	10	7
第66回	2011	山口県	41	39	35	28	16	1	15	32	22	28	29
第67回	2012	岐阜県	20	17	16	11	4	1	5	9	15	10	13
第68回	2013	東京都	2	2	2	2	2	1	2	2	1	1	2
第69回	2014	長崎県	20	31	15	20	10	1	17	28	24	41	26

出所）上記開催県の HP 情報をもとに筆者作成.

表 7-7　8 都県のスポーツ推進計画等における国民体育大会での成績目標

都県名	計画の名称	期　間	国民体育大会での成績目標
秋田県	第 3 期秋田県スポーツ推進計画	2018-2021	天皇杯順位 10 位台（1,000 点以上）
大分県	第 2 期大分県スポーツ推進計画	2021-2030	天皇杯得点 1,000 点の獲得
新潟県	新潟県スポーツ推進プラン	2016-2024	10 位台定着
千葉県	第 12 次千葉県体育・スポーツ推進計画	2017-2021	都道府県対抗 5 位以内
山口県	山口県スポーツ推進計画（改定版）	2018-2022	10 位台の回復・定着
岐阜県	清流の国ぎふスポーツ推進計画	2015-2021	天皇杯 8 位，皇后杯 8 位
東京都	東京都スポーツ推進総合計画	2018-2024	
長崎県	ながさきスポーツビジョン	2021-2025	総合成績 20 位台前半

出所）8 都県のスポーツ推進計画等をもとに筆者作成.

民体育大会の位置づけが，スポーツ基本計画では「ジュニアアスリートから
トップアスリートまで，国際レベルを目指すアスリートが競う国内トップレベ
ルの総合競技大会」，第 2 期スポーツ基本計画では「オリンピック競技種目の
導入を促進することなどにより，アスリートの発掘・育成を含む国際競技力の
向上に一層資する大会」として示されるに至った．すなわち，開催県のみが一
過的に強化策を講じるものではなく，国際競技力の向上において地域がその基
盤を支えることを趣旨として，各都道府県が恒常的に国民体育大会に向けて
ジュニアからトップアスリートまでの強化を図ることが期待されるようになっ
た．**表 7-7** は 8 都県の直近のスポーツ推進計画等において示されている国民体

育大会の成績目標をまとめたものであり，東京都を除き，計画等策定時の順位よりも上を目指す目標が設定されている．このように，国民体育大会は，国体開催を控えた自治体のみならず，その他の自治体においても恒常的に競技力向上を図る上で重要な役割を果たす国内競技大会として位置づいている．

（2）　アスリートの発掘・育成・強化

　1980年代後半，日本の国際競技力の低下問題が顕在化したことによって，各種答申等において競技力向上のための方策が提言されるようにった．具体的には，臨時教育審議会「教育改革に関する第3次答申」(1987年)において「子どもの発達段階・対象種目特性に応じたスポーツカリキュラム開発」「一貫指導体制の確立」等が，保健体育審議会「21世紀に向けたスポーツの振興方策(答申)」(1989年)において「ジュニア期からの一貫指導体制の整備」等が提言された．また，同審議会「生涯にわたる心身の健康の保持増進のための今後の健康に関する教育及びスポーツの振興の在り方について（答申)」(1997年)において「国際競技力向上のための一貫指導における運動部活動との連携」「競技力向上トータルシステムの構築」等が提言された．その後，2000年に策定された「スポーツ振興基本計画」と5年後の改定版においても「一貫指導システム（トップレベルの競技者へと育成されるシステム）の構築や体制整備」等が具体的施策として示された．こうして，自治体に対しては，競技団体の作成した競技者育成プログラムに基づいた一貫指導システムが機能するように協力が求められ，関係機関の連絡・協議の場の確保，強化拠点の整備，指導者の養成等が図られることとなった．なお，同計画改定版に「優れた素質を有する競技者の発掘手法の研究開発等」が具体的施策として盛り込まれたように，優秀な競技者を「発掘する」視点もアスリートの育成システムに加えられた．

　2012年策定の「スポーツ基本計画」からは，特にトップスポーツと地域におけるスポーツとの連携・協働によるスポーツ界の好循環の創出が掲げられるようになり，トップスポーツの伸長へ寄与する「次世代アスリートの発掘・育成」が自治体等の役割として求められるようになった．2017年の第2期スポーツ基本計画からは，この好循環の創出についての記述はなくなったが，国がJSC他機関との連携のもと地域ネットワークを活用した全国各地の将来有望なアスリートの効果的発掘・育成支援システムを構築することが具体的施策として示された．また，国民体育大会について，開催地の都道府県等がアスリート

表 7-8　事例：地方における次世代アスリートの発掘・育成事業

県名	事業の名称	開始年度	概要（直近）
秋田県	AKITA スーパーわか杉っ子発掘プロジェクト	2007	【種目】スピードスケート，ライフル射撃，フェンシング 【対象】秋田県内小学校 3・4 年生 ①「ジュニアチャレンジスクール」 ②「オーディション（適正テスト・体力テスト）」 ③「候補者選考」→「スーパーわか杉っ子」認定 ④ 地域クラブチームでの選手強化プログラム （強化練習・遠征合宿・メンタル研修等）
山口県	YAMAGUCHI ジュニアアスリートアカデミー	2008	【対象】小学校 3～6 年生 【種目】レスリング・セーリング・フェンシング・ラグビー ① 一次選考会　基礎体力測定 ② 二次選考会　競技適正測定 　→　アカデミー生認定 ③ 育成プログラム ・身体能力開発プログラム ・専門競技プログラム
岐阜県	清流の国ジュニアアスリート育成プロジェクト	2014	【対象】小学校 4・6 年生 ① 発掘プログラム　運動能力測定　→　発掘 ② 育成プログラム 競技プログラム： ・清流ジュニア（中学 1～3 年生） 　カヌー，レスリングなど 11 競技から ・清流キッズ（小学 5，6 年生） 　アーチェリー，フェンシングなど 13 競技から 共通プログラム： ・スポーツ科学等の講義，講演会など ③ 選択プログラム
大分県	チーム大分ジュニアアスリート発掘事業	2015	【種目】アーチェリー，ボート，ウエイトリフティング，ライフル射撃，カヌー，フェンシング 【対象】小学校 6 年生 1 年目：選手発掘に向けた対象選手の選考 ① 第 1 次選考会　体力測定 ② 第 2 次選考会　競技体験等，育成選手認定 2 年目：競技体験プログラム等
長崎県	ながさきスーパーキッズ育成プロジェクト	2021	【対象】長崎県内の小学校 4 年生以上 【種目】スポーツクライミング・ホッケー・ボクシング・レスリングなど 9 競技 ・体験教室 ・選考会 ・練習会

出所）山口県体育協会 HP 他をもとに筆者作成.

の発掘・育成を含む国際競技力の向上に一層資する大会づくりを推進すること
が示された.

　現在，多くの自治体が「次世代アスリートの発掘・育成」に関わる事業を実
施している．表7-8は事例紹介として5県の事業についてまとめたものである．
これらの事業は，独立行政法人日本スポーツ振興センター（JSC）が設立した
「ワールドクラス・パスウェイ・ネットワーク（WPN)」に参加している．
WPNはタレント発掘・育成に携わる団体等が連携して，日本全体でアスリー
トを発掘・育成するシステムを構築するために設立されたもので，タレント発
掘・育成に関する情報の収集・共有，研修会の開催等の活動を実施している．
なお，WPNの分類上，地域で実施されるタレント発掘・育成事業には，個人
の適性に応じた競技種目を模索する「種目適正型」，ある競技種目に限定して
才能を見極め育成する「種目特化型」及びある競技種目のアスリート自身の特
性をより生かすことのできるスポーツへ転向する「種目最適（転向）型」があ
り，表7-8の5件のうち岐阜県の事業のみが種目適正型で他の4県の事業が種
目特化型である.

　次世代アスリートの発掘・育成が自治体等の役割として求められるように
なったのは「スポーツ基本計画」からであるが，秋田県（2007年）と山口県
（2008年）の事業はそれ以前に実施されており，どちらも充実したプログラム等
で発掘・育成が図られ将来性のあるアスリートを輩出している．

おわりに

　1980年代後半の日本の国際競技力の低下問題の顕在化を契機として，国際
競技力の向上が国策として位置づけられるようになった．そして，今日まで
様々な競技力向上に関する施策等が講じられてきたが，概ね「アスリートの発
掘・育成・強化」「強化拠点の整備」「アスリートのセカンドキャリア対策」
「国民体育大会」「スポーツ医・科学の活用」「国際競技大会等の開催」等に集
約することができる．スポーツ振興基本計画の策定以降，自治体は国の計画を
参酌してそれぞれの地域の実情に即した競技スポーツ政策を立案することに
なっており，各自治体においてもそのようなスタンスで臨もうとしている．し
かしながら，スポーツ振興基本計画については5年後の改定において，それ程
大きく変更されたものはなかったが，スポーツ基本計画と第2期スポーツ基本

計画では 5 年という短い期間にもかかわらず大幅な変更がなされた．特にスポーツ基本計画で打ち出されていた自治体が大きな役割を果たすことが期待されていた「トップスポーツと地域におけるスポーツとの連携・協働の推進」が第 2 期スポーツ基本計画では記されず，さらに，競技力向上に関する施策のほとんどにおいて自治体の役割について示されなくなった．これは地方分権の観点からは当然のことかもしれないが，文字通り「国の計画を参酌せよ」ということであろうか．今後，5 年ごとに改定あるいは策定される国の計画においても自治体の役割が示されないのであれば，各自治体がスポーツ推進計画等を策定する際に国の計画を参酌した場合，各自治体の計画が国の計画のミニチュア版になりかねない．実際に，多くの自治体の現行のスポーツ推進計画等では，そのような傾向がみられる．

　先述したように，競技力向上策は幾つかの施策に集約され，それらは 30 年以上前から大きく変わっているものではない．この間，いわゆる競技スポーツ政策の不易の施策について，国，自治体，スポーツ団体等の果たすべき役割の範囲がある程度明らかになってきた．特に，国家レベルの競技力向上の観点から見ると，JSC やスポーツ団体と連携した各自治体におけるアスリートの発掘・育成・強化に関する施策，また，恒常的な国民体育大会に向けた各自治体の競技水準向上に関する施策については，自治体が強く関与することが期待される．

　最後に，スポーツ振興基本計画の策定以降，国の計画（スポーツ政策）が 5 年ごとに改定・策定されるのが一般的となっているが，スポーツ基本計画のように 5 年で大きな変更がされるのは好ましくない．国の計画を参酌して地方が計画を策定するという建前である以上，やはり 10 年を 1 つの期間として，各自治体が国の計画を参酌しつつ腰を据えて施策等を講じることができるよう方針等を示す必要がある．特に競技スポーツ政策については，成果を確認できるまで時間を要するものが多い．したがって，自治体の競技スポーツ政策については，当該自治体の中・長期的な展望を踏まえた上で，国，自治体，関係機関等の役割の範囲を自覚しつつ，国の計画等を参酌することが求められよう．

参考文献 》》》

青森県競技力向上対策本部［2021］青森県競技力向上基本計画（https://www.pref.aomori.lg.jp/soshiki/kyoiku/e-sports/files/kihonkeikakR3.pdf，2022 年 3 月 14 日閲覧）.

国民体育大会委員会［2013］21 世紀の国体像～国体ムーブメントの推進～（https://www.japan-sports.or.jp/Portals/0/data0/kokutai/pdf/kokutai_movement_main.pdf, 2022 年 4 月 24 日閲覧）.

スポーツ庁［2021］「令和 4 年度概算要求主要事項」（https://www.mext.go.jp/sports/content/20210928-spt_sseisaku01-000018164_11.pdf, 2022 年 4 月 29 日閲覧）.

諏訪伸夫・井上洋一・齋藤健司・出雲輝彦編［2008］『スポーツ政策の現代的課題』日本評論社.

髙橋義雄［2022］地方公共団体の競技スポーツ施策の政策革新——Z 県の国民体育大会に向けた施策の事例研究——」『スポーツ産業研究』32(2), pp. 171-185.

日本スポーツ振興センター HP「ワールドクラス・パスウェイ・ネットワーク」（https://pathway.jpnsport.go.jp/wpn/index.html, 2022 年 7 月 4 日閲覧）.

日本体育協会編［1965］東京オリンピック選手強化対策本部報告書.

日本体育協会・国民体育大会委員会［2003］新しい国民体育大会を求めて～国体改革 2003～（https://www.japan-sports.or.jp/Portals/0/data0/kokutai/pdf/reform_main.pdf, 2022 年 4 月 24 日閲覧）.

文部省体育局［2001］体育・スポーツ指導実務必携（平成 13 年版）, ぎょうせい.

山口県体育協会 HP「YAMAGUCHI ジュニアアスリートアカデミー」（http://yamaguchi-taikyo.jp/science/tid/athlete-academy, 2022 年 7 月 3 日閲覧）.

原田理人

第8章　スポーツと地域活性化

はじめに

　日本では人口の急速な減少が続いており，それに伴う労働人口の減少，人口の大都市集中化による地方都市の人口減少が加速している．この人口減少傾向に伴い，自治体の税収が減縮すると共に地域活力も損なわれ，若手人口や労働人口の大都市圏流出という動きが顕著となっていることに加え，地方交付税などの減縮傾向が追い打ちをかけることで，ますます地方経済は厳しさを増しており，求められる住民福祉の実現も困難になってきている.[1] このように自治体経営が一層シビアとなっていく状況の中で，逼迫する財政を補い，地域産業を活性化する施策の必要性が生じている．

　歴代の政府は高度成長期の時代から今日に至るまで，地域間における社会格差などの是正を基本とした地域振興を図るための様々な地域再生に取り組んできているが，どれも画期的な効果を得るに至っていない．

　従来の政策傾向は，中央主導型の政策スキームとして展開されてきているが，近年では自治体の特徴のある社会環境や独自の発想などを活かし，国は地域の自主自立を基本としてそれらを支援するという方向性へと変化してきている．このような変化の背景は 2000 年の地方分権一括法を契機とした地方分権の進展が大きな特徴として挙げられ，[2] この頃から地域の課題に対応するためには，中央政府による全国の画一的な施策よりも地方の特殊事情を考慮した地方政策としての対応が現実的であるとする考え方が基本となっている．バブル期から長きに渡る景気後退などによって地方は軒並み財政赤字を抱え，公共事業投資を基本とした地域振興という政策手段も実現が困難になってきたこと，公共インフラも整備が一段落し，社会基盤整備という名目も馴染まなくなってきたことに加え，重要な地域課題が，少子・高齢化対策や産業振興，住民福祉などといった，「仕組み」へ切り替わってきていることからも，地域振興政策は地域の特徴に適合したものであるべきという考え方が一般的になってきており，これらを背景として，政府は地域の創意工夫と努力によって地域経済を活性化し，独自の地域振興に向けた施策を展開させる方針を打ち出してきている．その中

でも「交流人口の増加」は地域における経済効果を生み出す可能性を有していることから，効果的な地域振興政策の一つとして認識されてきている。

　この地域活性化は，多くの自治体が抱える共通の課題であるものの，これら様々な特徴を持つ自治体の地域活性化に用いる特効薬はない．様々な課題は地域独自の特殊性を持つものであり，それぞれの事情によって用いる手段も異なると考えられる。

　そこで本章では，「スポーツによる地域活性化」を手段とした「交流人口の増加による経済効果」を到達目標とする政策の背景や効果を生み出す仕組みを整理し，事例を用いながらスポーツをテーマとした地域振興政策の構造を概観する。

1 地域活性化の必要性と根拠

　21世紀の日本社会は，少子高齢化社会の到来，人口減少の顕在化などが原因となる国内経済の低迷期を迎えるため，国や自治体にとっても極めて重大な問題を抱えている（**図8-1**）．総務省統計局の「将来推計人口」によれば，30年後には2000万人もの人口が減少し，65歳以上の人口が全体の約38％にも達する見込みとなっており，それに伴って生産人口の割合も減少し，国民所得や総

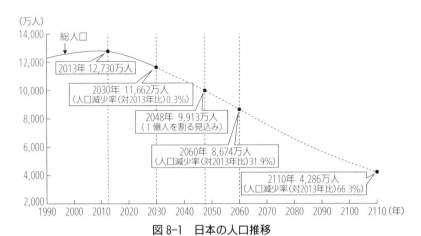

図 8-1　日本の人口推移

出所）2015年内閣府『選択する未来』——人口推計から見えてくる未来像——（「選択する未来」委員会 報告解説・資料集）第2章　人口・経済・地域社会の将来像（1）総人口より.

生産も著しく減少してしまうことが危惧されている.

　こうなると国民は都市部への移動傾向が強くなり，より人口の地域間格差や都市部の人口偏重によって地域経済は一層の停滞を余儀なくされる可能性をもっていることから，すでに「税収の減縮傾向」などが顕著であることなど，様々な国や自治体の苦悩を生んでいるため，自治体規模の大小に関わらず新たな産業の創出や振興は喫緊の課題となっている.

　そこで，交流人口を増加させる政策には複合的な経済効果を生み出すことが期待されているほか，推進体制や各方面との連携や環境を確保できれば，比較的早期に効果を創出しやすく，重要な地域振興政策の柱として位置付けられている. これまでに問題視されてきた地域間格差は現代特有の社会問題ではなく，戦後の復興に始まる地域振興問題は連綿と続いており，地域振興関連立法は1953年の離島振興法[3]制定を皮切りに今日に至るまで様々な形で展開されてきており，地域間格差の是正や企業誘致，産業活性化などに加え，交流人口促進関連政策については約60年も前から地域振興策の一環として検討・推進されてきている. これらの多くは戦後激しく変化を繰り返す社会状況に対応しきれず，その時代や実情に即した進化を続けてきたことが伺える (表8-1).

　これまでの地域政策は，国主導による「全国総合開発計画」などに基づいて国の施策が立案されており，指定された地域では補助金，税制などで様々な恩恵が得られるため，各地域による「総合開発計画」の誘致競争が展開されていた.

　しかし，それらの政策の多くは持続性に欠ける点も多く，一見全国一律のサービスとしては妥当な政策であっても，公共投資に偏重したハコモノ政策といった趣向では次第に地域間の差もなくなり，効果を見出すことも難しくなるといった状況であった. こうした旧政策の枠組みから方向転換していくためには国の基本政策を基本としながらも，自らの地域における将来を創り出すための地域総体の熱意や強い意志で地域政策を打ち出す必要がある. これには地域総力で中長期的な見通しに立った地域活性化に取り組まなければならないため，厳しい状況下に置かれる地域においては現実を受け入れ，地域存続のための具体的な対策を講じる必要性がある.

　当初の政策では，一定の所得再分配効果と最低限度の住民福祉も担保されてきてはいたが，今後の「地方主導の地方創生」では，熱意や創意工夫に溢れた人材や有効な地域資源を得ている地方と，そうでない地方とでは，人口の多少のみならず住環境，教育，医療等などの基本的な住民福祉やサービス面に及ぶ

表 8-1　地域振興関連立法の変遷（抜粋）

年	地域振興関連法令	年	地域振興関連法令
1953	離島振興法	1993	特定農産村地域における農林業等の活性化のための基盤整備の促進に関する法律
1954	奄美群島振興開発特別措置法		
1958	台風常襲地帯における災害の防除に関する特別措置法	1998	新事業創出促進法（テクノポリス法，頭脳立地法廃止）
1961	低開発地域工業開発促進法	2000	地方分権一括法
	産炭地域振興臨時措置法		過疎地域活性化自立促進特別措置法
1962	新産業都市建設促進法	2001	内閣に都市再生本部設置
	豪雪地帯対策特別措置法		文化芸術振興基本法
1963	観光基本法	2002	構造改革特別区域法
1964	工業整備特別地域整備促進法		都市再生特別措置法
1965	新産業都市建設及び工業整備特別地域整備のための国の財政上の特別装置に関する法律		沖縄振興特別措置法
		2003	全国都市再生モデル調査
	山村振興法		内閣に地域再生本部設置
1969	小笠原諸島振興開発特別措置法	2005	地域再生法
1970	過疎地域対策緊急措置法	2006	観光立国推進基本法
1972	工業再配置促進法	2007	エコツーリズム推進法
1980	過疎地域振興特別措置法		中小企業による地域産業資源を活用した事業活動の促進に関する法律
1983	高度技術工業集積地域開発促進法（テクノポリス法）	2008	観光圏整備法
1985	半島振興法	2010	過疎地域活性化自立促進特別措置法（延長）
1987	総合保養地域整備法		
1988	地域産業の高度化に寄与する特定産業の集積の促進に関する法律（頭脳立地法）	2011	スポーツ基本法
			総合特別区域法
	多極分散型国土形成促進法	2012	過疎地域活性化自立促進特別措置法（再延長）
1990	過疎地域活性化特別措置法	2013	国家戦略特別区域法
1992	地方拠点都市地域の整備及び産業業務施設の再配置の促進に関する法律	2014	まち・ひと・しごと創生法
			地域再生の一部を改正する法

出所）各関連省庁 HP データをもとに筆者作成.

優勝劣敗の構図が明確になる可能性がある.

　2014 年に当時の内閣はこうした地域経済の減縮対策として「地方創生」を重要な政策の柱とし,様々な地域振興政策を打ち出してきているが,その数も現状では全 12 省庁から総数 300 を超えており,交付金総額も 11 兆円を超える規模の予算が設定されている.

　今日では「消滅可能性都市」などというリストも公表されるなど,全国の自治体では“待ったなしの地域振興対応策”が必要となっているため,時間や多額のコストを前提とした施策では実現も困難となるため,実現可能な身の丈の施策が求められている.

2　スポーツと地域活性化の捉え方

　こうした地域振興の取り組みは政府主導による全国一律の政策ではなく,地域活性化の主体は地域であり,地域主導の政策の進行責任はあくまでも地域が持つというのが基本となるため,地域における積極的な政策に伴う創意工夫や人材育成を必要とすることや,地域資源の再発見や再活性化によって地域における「目的活動」をつくり出すということの重要性も指摘されている.これらの地域資源には地域によって様々な特徴があり,一様ではない.風光明媚な自然や歴史上貴重な文化財,寺社仏閣,全国でも有名な産品があるなど,地域における貴重な財産ともいえる資源は,その地域へ訪れることの強い動機付けになるものである.そこで,誘客に有効な資源の一つとして「スポーツ」という目的活動を通し,他の環境資源との相乗効果を上げることで不足する資源を補うという政策の可能性に注目が集まっている.

3　スポーツ・ツーリズムによる地域振興

(1) スポーツ・ツーリズムの定義

　スポーツ・ツーリズムの先行研究は数多いが,二宮 [2009] は『日本におけるスポーツ・ツーリズムの諸相』において,Robinson and Gammon [2004] の分類を用いることで,スポーツを目的活動とした旅行を指しているスポーツ・ツーリズムと,スポーツが観光や旅行の副次的な活動となるツーリズム・スポーツに大別している (図 8-2).ここでは,「物」と「仕組み」という現代の理

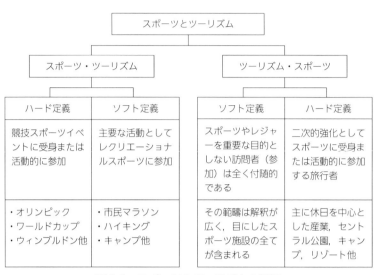

図 8-2　スポーツとツーリズムの概観

出所）〔二宮 2009：10〕を筆者修正.

解ではなく，目的性の強さを表す意味合いでの「ソフト」と「ハード」の定義
分類を行っている．また，原田 [2003] はスポーツ参加型，スポーツ観戦型，
都市アトラクション訪問型というタイプ別の現状について研究しており，工
藤・野川 [2002] は，観光資源の視点として，イベント，プロスポーツ観戦，
レクリエーションといった直接参加するスポーツ機会や観戦機会を創出するス
ポーツをスポーツ・ツーリズムの対象領域とし，「スポーツやスポーツイベン
トへの参加または観戦を目的として旅行し，目的地に最低でも 24 時間以上滞
在すること」と定めている．(**表8-2**) また，二宮 [2009] は，スポーツ・ツーリ
ズムの理論モデルを用いて，「非日常空間に一時的であれ滞在してスポーツ活
動を行う旅行全般を広く捉えてスポーツ・ツーリズムである」としている．

　これらのようにスポーツ・ツーリズムの定義に関する解釈も一様ではないが，
そのスポーツ・ツーリズムの範疇に関する点には大きな差はみられない．滞在
型の「する，みる，支える」という観点から創起されるスポーツ関連事業，つ
まり宿泊や移動などを含む比較的ダイナミックで能動的な活動がこの範疇に入
るという理解である（**図8-3**).

　また，スポーツ・ツーリズムは日常生活圏域外に滞在することが規定されて

表 8-2　先行研究に見られるスポーツ・ツーリズムの定義

・野外の特に興味を引かれるような自然環境下で行われたり，人為的なスポーツや身体活動を伴うレクリエーション施設で為される，休暇のようなレジャー期間中の人々の行動パターンとして説明される（Ruskin, 1987)
・非商業的な目的で生活圏を離れスポーツに関わる活動に参加または観戦することを目的とした旅行（Hall, 1992)
・観戦者または参加者としてスポーツに関する活動に関わって休日を過ごすこと（Weed & Bull, 1997)
・日常生活圏内で，旅行または滞在中に直接的あるいは間接的に競技的またはレクリエーション的なスポーツに参加する個人またはグループ（ただし旅行の主目的はスポーツ）（Gammon & Robinson, 1997)
・身体活動に参加するため，観戦するため，または身体活動と結びついたアトラクション詣でのために日常生活圏外に一時的に出るレジャーをベースにした旅行（Gibson, 1998)
・気軽にあるいは組織的に非商業的やビジネス／商業目的に関わらず，スポーツに関する活動における全ての能動的・受動的参与の形態で，必然的に自宅や仕事に関わる地域を離れ旅行すること（Standevin & De Knop, 1998)
・スポーツやスポーツイベントへの参加または観戦を目的として旅行し，目的地に最低でも 24 時間以上滞在すること（滞在する一時的訪問者）（野川，1993；1996；野川・工藤，1998)
・限定された期間で生活圏を離れスポーツをベースとした旅行をすること　そのスポーツとは，ユニークなルール，優れた技量をもとにした競技，遊び戯れるという特質で特徴付けられたものである（Hinch & Higham, 2001)

出所）〔工藤・野川 2002：185〕.

世界的にもハイレベルな "観るスポーツ"	世代を超えて人気を集める "するスポーツ"	地域や国が一体となって携わる "支えるスポーツ"
ビジターの観戦者が周辺地の観光を楽しみ，また観光客が滞在プランの一つとして競技観戦も加えることで，旅そのものの充実のほか，各競技の振興，そして地域活性化を目指す。	マラソン等の参加者が応援の家族と共に周辺地域の観光を楽しみ，また観光客が入浴前の一汗としてテニス等に勤しむことにより，旅そのものの充実のほか，健康の増進，スポーツ施設の有効利用，スポーツ用品・ファッションの需要喚起，そして地域活性化を目指す。	スポーツチームの地域経営や市民ボランティアとしての大会支援，地域や国を挙げての国際競技大会・キャンプ（スポーツ合宿）の誘致により，交流人口の拡大，地域活性化，地域・国の観光魅力の効果的発信を目指す。
プロ野球，Jリーグ，ラグビー，バレーボール，プロゴルフ，大相撲，柔道, etc	マラソン，ウォーキング，サイクリング，登山，トライアスロン，スキー，ゴルフ，草野球, etc	プロリーグ公式戦，国体，インターハイ，市民大会，マラソン大会，合宿，運動会，各種国際大会，各種世界大会，総合スポーツクラブ, etc

図 8-3　スポーツ・ツーリズムの範疇

出所）観光庁スポーツ観光推進連絡会議〔2010〕『スポーツ観光の推進について』（スポーツ観光の趣旨）より.

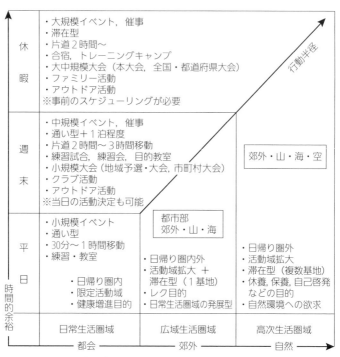

図 8-4　生活空間と日常からみたスポーツ活動の特徴
出所）筆者作成.

いるものが散見され，「滞在」を定義すると時制次元では「滞在期間を 24 時間以上」とする考えがあるが，日帰り活動も範疇に含めるべきである．人の空間次元や移動距離などと志向するスポーツ活動との相関は低くないこと（**図 8-4**），また様々なスポーツ機会の選択には必ずしも宿泊行為を含む必要はなく，そこに移動や何らかの空間次元の移動が生じ，経済効果が生じれば，すなわちそこにスポーツ・ツーリズムは成立すると捉え，本章におけるスポーツ・ツーリズムは，「日常生活圏域からの移動を伴い，広域生活圏域から高次生活圏域までに及ぶスポーツをテーマとした目的活動を伴う消費行為全般」と定義してみたい．

（2）　国家戦略としての「スポーツ・ツーリズム」

政府は国内外の観光促進を国家戦略として位置付け，「観光基本法」（1963

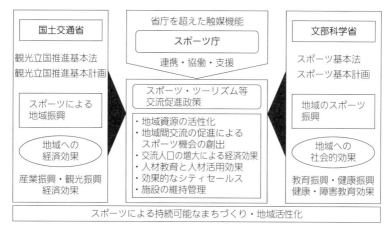

図8-5　スポーツ政策を根拠とした「スポーツによる地域振興」の概観

出所）筆者作成.

年）を「観光立国推進基本法」（2006年）へ改定し，観光立国の実現を総合的かつ計画的に推進することを前提として，2009年に全府省で構成される観光立国推進本部の「観光連携コンソーシアム」において「スポーツ観光」がとり上げられた．そしてスポーツ団体，観光団体，スポーツ関連企業，旅行関係企業，メディア及び文部科学省など関係省庁合同の「スポーツ・ツーリズム推進連絡会議」によって「スポーツ・ツーリズム推進基本方針」が取りまとめられることになった．

　このように政府は積極的なスポーツ観光の推進や，インバウンド需要の増加を目指すことを明言しているため，スポーツはもはや国家戦略の重要なコンテンツとなっている．2020年東京オリンピックを起爆剤として，自治体には，地域における「スポーツ・ツーリズム」を積極的に促進させるため，着地型の観光を受け入れる環境整備や推進責任を明らかにしている．

（3）　スポーツ・ツーリズムの意義と目的

　この「スポーツをテーマとした地域振興」は，1979年，アメリカ合衆国インディアナ州中央部マリオン郡にある同州最大の都市であるインディアナポリスにおいて，街の活性化のために用いられた政策が始まりとされている．このインディアナポリスは，かつて鉄鋼業で賑わった街であったが都市化の波に乗り遅れ，人口の減少や街の荒廃が進んだ．

しかし，この状況を打開するため，地域独自の文化であるカーレースやスポーツの国際大会・全米規模のスポーツイベントを積極的に誘致したことで，交流人口が増えるとともに衰退した街が甦ったと伝えられている．これらの成功を契機として，現在，全米各都市で約540ともいわれるスポーツをテーマとした地域振興の推進団体が設立されている．

　このようにスポーツ・ツーリズムの推進は，疲弊する自治体の税収不足によるコスト削減を補い，人材の育成や産業活性といった地域振興の起爆剤として期待されている．

　このスポーツをテーマとしたスポーツ・ツーリズムは，当該地域がスポーツ活動やスポーツ目的の各種活動を実現する目的地として，地域の資産を活かしたスポーツイベントの誘致や開催支援し，スポーツ活動全面に関する支援体制を整備することによって交流人口の増加をはかり，地域の活性化を目指してしていくというものである．

　しかし，現状においてはスポーツ観光を推進していく意欲を有し，具体的にそれらを専門の団体設立を伴った政策として打ち出している自治体はまだ多くなく，スポーツ庁の発表では2020年10月時点で159箇所であり，スポーツによる地域振興が計画されているのはまだ都道府県や中規模以上の自治体が多い傾向となっている．

　地域におけるスポーツイベントやスポーツ合宿誘致，スポーツイベント開催支援，スポーツ活動全面に関する支援体制を整備し，スポーツを伴ったインバウンドツーリズムの促進や，目的活動の創出によって交流人口の拡大を図り，地域経済の活性化という成果を導き出すのがスポーツ・ツーリズムの真髄である（図8-3）．

　スポーツ・ツーリズムは，日本の持つ自然の多様性や環境を活用し，スポーツという新たなモチベーションを持った訪日外国人旅行者を取り込んでいくだけでなく，国内観光旅行における需要の喚起と，旅行消費の拡大，雇用の創出にも寄与するものである．

　さらに，「スポーツ・ツーリズムに期待する効果」として，①訪日外国人旅行者の増加，②国際イベントの開催件数増加，③国内観光旅行の宿泊数・消費額の増加，④活力ある長寿社会づくり，⑤若年層の旅行振興，⑥休暇に関する議論の活発化，⑦産業の振興，⑧国際交流の促進といったものが想定されているが，これらのうち大規模自治体でなければ該当しない項目を除き，③

国内観光旅行の宿泊数・消費額の増加，④ 活力ある長寿社会づくり，⑦ 産業の振興，⑧ 国際交流の促進などは，自治体の規模にかかわらず地域の活力醸成として期待される項目である．これらの他にも，「人材の育成・登用」「自主自立の精神を育成」「地域資源の利活用」「地域の魅力づくり」など数多くの効果が期待される．

政府による方針は全国の自治体へ発せられても，スポーツ・ツーリズムの推進を政策として計画している自治体の事情は一様ではない．自治体規模の大小，経済環境，地域の主要産業，インフラの充実度，交通条件等，抱えている課題は様々である事情を概観すると，その規模や着手のコンセプトなども多種多様となっている．スポーツによる地域振興政策（地域資源・環境資源を活かす政策）は様々な機会の創出（図 8-6）をもたらすが，これらの機会を積極的に活かしていくことで地域振興を形づくっていくことにつながる．

このように，スポーツ・ツーリズムによる地域振興においては，地域におけるスポーツ振興という視点よりも観光分野や産業分野による地域内連携や協働といった経済性をベースとした成果の追求が基本となっている．

したがって，自治体の組織機能としては，教育委員会ではなく産業振興，商工観光といった産業分野の部局によって推進されている例が多く，各分野の専

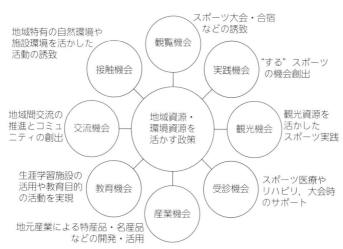

図 8-6　地域資源・環境資源を活かす政策と様々な機会の創出

出所）筆者作成．

門企業や団体を含めた連携機能の構築が求められる．つまり，スポーツ・ツーリズムによる地域振興は，あくまでもスポーツをツールとして地域内の経済効果を向上させることが目的となっており，経済効果と社会的効果のバランスで捉えれば，明らかに経済効果を優先した政策といえる．

（4） スポーツによる地域活性化の推進

　日本国内では，こうした多くのスポーツをテーマとした地域振興が進められてきている．中でもさいたま市や大阪市では活発に事業が進められており，実績も着実に積み上がっている．また自治体単体の対応だけでなく，地域によっては中小自治体による広域連携が進められるなど，地域の事情によって政策の展開にも工夫がみられている．

　具体的な事例では，2007 年に瀬戸内海を挟んだ広島県側と愛媛県側がパートナーとなり「瀬戸内しまなみ海道振興協議会」が設立され，広島県尾道市と愛媛県今治市を 9 つの橋で 8 つの島を結ぶ全長約 70 km に渡る広大なサイクリングロードが完成した．この瀬戸内しまなみ海道のサイクリングはサイクリストのメッカといわれ，国内外を問わず観光誘客による地域振興策が推進されている．2018 年度の自転車通行台数は 33.2 万台（1 日平均 911 人／尾道市産業部観光課調べ）に上るという．

　また，さいたま市で組織された「さいたまスポーツコミッション」などでは，年間で数多くのスポーツコンテンツが展開され，活発なイベント誘致や事業展開が進められている．この「スポーツコミッション」とは，自治体や公共団体などが事業主体となって専門企業や専門家などと連携し，自治体が持ち得ない専門分野との連携，情報アンテナの拡大，マーケティングや営業力の獲得など，いわゆるノウハウの獲得や連携によって経済効果の向上を目指すという事業推進管理プラットフォームを指している．日本における「スポーツによる地域振興政策」いち早く着手したのは「さいたま市」であり，国際イベントを含む収益性が高く集客力に富んだ事業が展開され，最も成果が高かった 2013 年では経済効果 85 億円，交流人口 25 万人（さいたまスポーツコミッション統計資料による）という高い成果を生み出している．

　静岡県御前崎市（2021 年 12 月現在／人口 3 万 1181 人）の「すいすいパークぷる」では，スライダーを伴ったレジャープールを設置しているが，夏場には多くの集客を実現しており，2018 年度では年間 20 万人の来訪者数を実現してい

る．利用者内訳では市外からの利用が全体の約45％にものぼる規模となっている．さらに御前崎市は風の強い海岸線を活用した海洋スポーツも盛んに行われ，多くの交流人口を獲得している．また小規模自治体である新潟県刈羽村（2022年1月現在／人口4372人）には，人工芝のサッカー場が2面と60名収容の宿泊施設や温浴施設を併設した「ぴあパークとうりんぼ」が2012年より整備されている．開館当初は年間22万人の来訪者があり，以来毎年20万人規模の集客を続けている．かつては，日本海側の降雪地域には馴染まないとされていたサッカー場施設を整備したことによって，日本海側の地域から多くの利用者が訪れることになった．

　これらの事例は，小規模自治体であることや強力な地域資源に乏しい地域であってもスポーツというテーマによる交流人口の増加を実現することの可能性を示している．

　このように地域における特徴を活かし，特徴ある地域コンテンツを創り出している例では，画期的な成果が現れている．全てがこのように大成功が保証されているわけではないが，身の丈にあった発想と環境整備，投資などが成功への鍵となっている．

　スポーツ・ツーリズムを効果的に推進していくためには，スポーツコンテンツやスポーツ事業の積極的な開発，イベント（大会，研修会，キャンプ，合宿，実習など）招致・開催を通して地域における交流人口を増やすことの工夫や，スポーツをテーマとした目的活動の現場となる地域の協力・協働などを含めた環境整備が必要となっている．

　推進地域は，自らの地域の資源や環境をブランディングし，競合する地域や自治体との差別化を進めながら魅力ある地域と魅力あるコンテンツを生み出すことによって地域経済を活性化し，スポーツ交流で活気のある地域環境づくりを実現しなくてはならない．

　スポーツによる地域活性化によって新たな価値創造を実現していくには，地元の企業（宿泊施設，観光関連施設，移動交通，旅行会社，飲食店，商店など）や観光協会などの観光団体と，スポーツ団体，商工会，宿泊業組合などの各種団体との連携・協働や，これらメンバーと行政から成る連携組織や推進機能が必要である．

　かつて冬季五輪が開催された北海道札幌市や長野県などでも積極的にスポーツ・ツーリズムを推進しているが，その背景には，かねてよりスポーツを通じ

た産業振興や集客促進が自治体活性化戦略上，非常に重要であることが指摘されてきている中で，最大級のスポーツコンテンツともいえる冬季オリンピック開催における関連施設建設という巨額投資を伴った社会資本ストックの存在が，後に多額の維持管理コストの発生によって当該自治体の財政を強く圧迫しており，これらのコスト負担の問題を解決しなければならないという深刻な問題を

表 8-3　2013-14 年度に千葉県で開催されたスポーツイベントと成果の例

	大会名	種　目	開催地	開催期間	参加者数
1	ちばアクアラインマラソン 2014	マラソン	木更津市，袖ケ浦市	2014 年 10 月	13,946 名 （応援約 31 万人）
2	第 4 回鋸山トレイルランレース＆アドベンチャーフェスタ	トレイルラン	鋸南町，富津市	2013 年 12 月	1,104 名
3	第 1 回日本マスターズ水泳スプリント選手権大会	水泳	習志野市（千葉県国際総合水泳場）	2013 年 11 月，12 月	3,410 名
4	第 4 回館山わかしおトライアスロン大会	トライアスロン	館山市（沖ノ島，海上自衛隊館山航空基地）	2013 年 6 月	1,035 名
5	第 5 回全日本ユースライフセービング選手権大会	ライフセービング	南房総市（岩井海岸）	2013 年 6 月	約 200 名
6	ツール・ド・ちば 2013	自転車	富津市，成田市，鴨川市等	2013 年 10 月	延べ 1,744 名
7	2013 DUNLOP CUP 全国選抜ジュニアテニス選手権大会	テニス	柏市（吉田記念テニス研修センター）	2013 年 5 月	約 120 名
8	Nationals 2014 年	チアリーディング	千葉市（幕張メッセ）	2014 年 3 月	406 チーム
9	ブリジストンオープンゴルフトーナメント 2013	ゴルフ	千葉市（袖ケ浦カンツリークラブ）	2013 年 10 月	102 名 （11,496 人）
10	ニチレイレディス 2013 ゴルフ	ゴルフ	千葉市（袖ケ浦カンツリークラブ）	2013 年 6 月	108 名 （11,365 人）
11	アース・モンダミンカップ	ゴルフ	袖ケ浦市（カメリヤヒルズカントリークラブ）	2013 年 6 月	120 名 （8,932 人）
12	伊藤園レディスゴルフトーナメント 2013	ゴルフ	長南町（グレートアイランド倶楽部）	2013 年 11 月	92 名 （12,397 人）

出所）千葉銀行「2014 年東京オリンピック・パラリンピック開催に向けて千葉県が取り組むべき課題」千葉県で開催された主な競技大会・スポーツイベントより抜粋.

抱えていたことに起因すると考えられ，特に国体施設を有する政令指定都市や県庁所在地における大規模施設の存在もスポーツによる地域活性化を推し進める強い動機となっている．また，近年話題となっている「東京マラソン」や「ちばアクアラインマラソン」にも象徴されるように，全国の自治体がマラソンなどの参加型スポーツイベント，さらにプロスポーツの試合，国際大会などの観戦型スポーツイベントの開催，あるいはスポーツキャンプなどのスポーツ活動誘致によって生み出される経済波及効果を狙った事業の有効性が認識されているため，国内における多くの自治体では，特徴ある独自の資源や産業を活かし，「する，見る」のみのスポーツイベント誘致にとどまらず，文化・芸術部門を含めて，医療，物販，飲食，宿泊など多彩な産業や専門団体との連携を促進し，地域総体としての積極的な事業展開を目指すことが検討されている（表8-3）．

4 ▶ スポーツによる地域振興の課題

（1） スポーツによる地域振興の阻害要因

　日本は観光立国として，また観光振興を国家戦略としていくことは，2003年1月に，当時の小泉総理大臣によって，2010年に訪日外国人旅行者を増加させ，観光立国を目指す構想を施政方針演説で発表したことが端緒となっている．これにより2017年に年間訪日外国人観光客が3000万人を超えるまで着実に成果を上げている流れを背景として，今後はスポーツによる地域振興も多くの地域で進められていくと考えられるが，事業手法や環境づくりについては，必ずしも共通する法則はない．また，全ての計画が順調に進められるわけではなく，計画進行上で生じるネガティブ要因や課題にも様々なものがある．例えば，中規模都市において，産業育成や観光誘致を進めてきたが，観光資源が少なく，誘客を進めようとしても訴求力のある魅力が備わっていないという例や，大都市圏からは遠く，幹線道路から距離がありアクセスも整っていないといった例，もしくは地元の産業は農業，漁業などが中心で，少子高齢化の進行により，事業推進に必要な環境が十分ではなく，スポーツによる地域振興政策を推進するうえでのハードルは高いと捉えている例も存在する．また，自治体の規模が極端に小さく，安定的に予算を確保していくことが困難であり，インフラも相応の規模や機能が備わっていないうえに，追加の設備投資もままならない

表 8-4　スポーツによる地域振興が推進されない主な要因

① 自治体の意欲が低い，もしくは必要性を感じていない
② 誘客するほどのインフラが整備されていない
③ 地域の魅力が低い（自然環境，特産品，地域産品ほか）
④ アクセスや交通事情が良くない（高速道路，幹線道路，鉄道）
⑤ 民間企業が少なく，宿泊施設などのキャパシティが小さい
⑥ 人材が少なく，地域ぐるみの活動が進めづらい
⑦ シティセールスを進めるにも方法が分からない
⑧ 自治体に予算がなく，安定的に振興事業が進められない
⑨ 自治体に推進する能力やアイデアが不足している
⑩ 補助金などの措置も十分ではない

出所）2012-2015 自治体への直接聞取調査より.

ため，集客などの面にも不安が拭えず新たな取り組みに着手しづらいといった
例も存在する.

　これらのように，スポーツによる地域振興の取組みが進まない一般的な要因
について整理してみると，表 8-4 のようになる．それぞれが抱える問題は一様
ではないものの，実は自治体における取組みが進まない根本的な理由には大き
な差がみられない．これをみるとインフラの規模や予算レベル，人材不足など
が共通した課題となっており，それらが独立して障害となっているものは少な
く，多くは複合的な要因となっている.

（2）自治体規模と地域振興（事業）規模の関係

　国の積極的な政策は，その反面，近い将来にそれぞれの狙いもさほど差異が
ない中で，隣接自治体同士，もしくは政令指定都市や特別区などにおいて計画
される政策などと競合状態に陥る可能性を示唆している．全国各地で急速な広
がりをみせていくと考えられる「スポーツをテーマとした地域振興」であるが，
計画される自治体規模の大小やスポーツインフラの整備状況も一様ではない.
特別区や政令指定都市などは人口ボリュームだけでなく，インフラも数多く存
在し，経済環境も充実しているため，多くの観客を対象とした催事が可能と
なっている.

　つまり大規模自治体には強い動員力があるほか，開催・誘致イベントなどの
規模やかかるコストも大規模になることが見込まれるため，対象が大規模事業
とすることができる多くの要素を有しており，安定した事業の促進が可能であ
る．しかし，社会資本ストックの大小や充実傾向のみでは政策や事業の成功は

表8-5　自治体規模と地域振興事業の特徴と比較

振興モデル	① 大規模自治体における地域振興モデル（特別区・政令都市規模）	② 中規模自治体における地域振興モデル（中規模都市）	③ 小規模自治体における地域振興モデル（小規模都市，町村規模）
概　要	商業施設などと共に多くが都心部周辺，及び交通至便な地域に立地し，自治体からの様々な助成を獲得し，豊富な人的資源や施設規模の活用，大規模イベントの誘致が可能．	商業施設と共に都心部近隣に立地し，自治体による何がしかの助成を実現し，潤沢ではないものの人的資源の支援や施設の有効性を目指して，中規模イベントの誘致が可能．	商業施設も少なく，国・県・自治体の助成が必要．人的資源も豊富とはいえず長期的な育成が必要．施設規模にはハンディがあるため，企画などの中身に強い目的性をもたせることが必要．中・小規模イベントの誘致が目標．
特　徴	・上位組織設立し，関連事業者及び機能を包括 ・国際，全国規模などの大規模イベント誘致を中心としたマーケティング ・連携団体は国内・外の統括団体まで広い ・経済効果も投資額に伴って大きい ・関連事業者数も多いため，様々な要望に応えられる応用性が高い ・集客・誘致範囲が広い ・大規模イベントに対応する臨時スタッフやボランティアの確保が容易 ・大規模イベント誘致に耐えうる施設規模と仕様，施設数，施設構成を有する	・上位組織の設立と，関連事業者のコンソーシアムの組織双方検討 ・地域，都道府県規模などのイベント誘致を中心としたマーケティング ・連携団体は国内，県内の統括団体レベルまで ・経済効果も投資額によるが，周辺インフラを考慮し，限定的 ・関連事業者数は多くはないが，必要最低限度の要望に応えられる ・イベント誘致範囲は中・小規模を中心に ・中規模イベントに対応する臨時スタッフやボランティアの確保が課題 ・中規模イベント誘致に耐えうる施設規模と仕様，施設数，施設構成を確認	・既存の施設管理運営法人による関連事業者のコンソーシアムを組織 ・地域，都道府県，市町村規模などのイベント誘致を中心としたマーケティング ・連携団体は国内，県内，市町村の団体を対象 ・経済効果も投資額によるが，周辺インフラを考慮し，限定的 ・関連事業者数は少なくないが，必要最低限度の要望に応えられる ・誘致範囲は中・小規模 ・中・小規模イベントに対応する臨時スタッフやボランティアの確保が課題 ・中・小規模イベント誘致に耐えうる施設規模と仕様，施設構成
国際大会	積極的に誘致，部分開催も可能	部分開催や練習会場として使用	部分開催や練習会場として使用
大会規模	全国大会，都道府県大会，予選などフルサイズ	都道府県大会，部分開催，予選	区郡市町村大会，部分開催，予選
全国リーグ	積極的に誘致，開催可能	部分開催，練習会場提供可能	部分開催，練習会場提供可能
実施種目	ほぼ限定せずに幅広く誘致，実施可能	インフラの規模によって限定的開催	インフラの状況によって限定的開催
誘致観客数	大量観客及び実施者誘致可能	観客席付きの施設が少ないため，限定的	観客席付きの施設が望めないため，限定的
宿泊施設	大量宿泊可能	中規模，中規模規模宿泊可能	小規模，小規模宿泊，分割宿泊対応
スタッフ	大量動員可能，要望に沿った人材選択可能	人材確保は限定的	人材確保は限定的
事業規模	規模に応じた予算措置が可能	予算規模は限定的	予算規模は限定的
エリア	広域使用を視野に実施検討（全国，地域規模）	周辺地域，都道府県域レベルの実施	周辺地域，市町村レベルの実施
協賛可能性	大口協賛獲得可能，各種協賛獲得可能性大	協賛者数は限定的であるが，小口協賛獲得可能	協賛獲得は限定的

出所）2012-2015 自治体への直接聞取調査をもとに筆者作成．

計れない．中小自治体であっても地域資源を磨き上げ，独自性を創出すること
で有効な目的活動を創出していくことで地域にも十分な効果をもたらす可能性
をもっている（表8-5）．

　また，多くの困難を抱えながらもあえて積極的な対策を打ち出し，補助金を
つけて半ば強引に大規模イベントの開催を実現させたとしても，環境整備が不
足し十分なサービスや地元の協力体制が脆弱となってしまっては，事業の発展
や継続性も確保できなくなる可能性がある．これまでの自治体における「地域
のスポーツ振興」施策の基本は，住民の「体育・スポーツの振興」と「健康・
体力の増進」を図るための中心的機能を果たすことであったため，その活用目
的は，多くの場合地域住民の利用に供するための活動想定を基本として整備さ
れており，地域外の利用や大規模事業による交流人口の想定はない．

　今後も全国の自治体において「スポーツによる地域振興」の動きが活発化し，
スポーツ合宿やイベント誘致における自治体間の競争も激しくなると思われる
ため，中小規模の自治体であっても都市再生の戦略に基づいた地域の優位性や
特性を活かす工夫と，単なるスポーツ活動拠点としてではなく，付加価値を高
めるための環境や活動内容に特徴や独自性の創出努力が堅実な成果をもたらす
鍵となる．

おわりに

　スポーツをテーマとする地域振興は，スポーツイベントの誘致や開催支援，
スポーツ活動全面に関する支援体制を整備することにより，スポーツを伴った
地域インバウンドツーリズムなどを促進し，交流人口の拡大を図ることで地域
経済を活性化していくというものであるため，大きな国際的なイベントであれ
ば，国が率先して誘致をサポートし，国内のイベントであれば，その規模や開
催方法に鑑み，その条件を満たす自治体が積極的に誘致・推進していくことと
なっている．しかし，これらに関する政策は異なる省庁からの上位下達による
方向性の一つという認識も少なくない．これらに対し積極的に着手している自
治体は比較的大規模の自治体が多く，社会資本ストックの負担軽減策が待った
無しの状況であることが背景にあると考えられる．多くの自治体は，地域振興
や地域創生の必要性についての理解を進めており，すでに数多くの政策が進め
られてきているが，国の政策にならった縦割り行政の課題が見え隠れしている

ため，「スポーツによる地域振興」をどのように着手・進行するかのイメージを摑みきれていない可能性がある．したがって自治体は，国の政策が明示されると交付金等の獲得に意欲を持つが，どこのどういった政策対応が妥当なのか，どのように計画していくかの判断に迷うことになる．

　本章では，これまで実行レベルでの解釈や理解に多少の混乱が生まれていたこと，全国における地域振興や地域創生が求められる現状などから，該当する省庁による政策のアプローチ内容や事業構造の異なる点を明らかにし，スポーツ・ツーリズムの定義や自治体規模別による対応事業の探索を試みたほか，対応省庁の違いによるスポーツと地域振興の特徴を明らかにしてきたが，決定的な違いは効果の想定であろう．スポーツによる地域振興の効果は大きく分けて経済的効果と社会的効果の2つに分けられ，物やサービスの生産・消費に関わる経済効果と経済的効果以外のすべての効果といえる社会的効果である．これまでスポーツは教育行政を基本とした社会的効果を中心とした振興のツールとなっており，文部科学省がその役割を担ってきたが，そこに経済性という発想は生まれ得なかった．今後は国土交通省の監理範疇である地域振興や地域活性を基本として，積極的な経済的効果を求めることが必要になってきている．教育振興的アプローチの場合には副次的効果を想定する必要があり，スポーツ・ツーリズムによる産業振興的アプローチの場合には直接的効果を想定した環境整備が必要となる．これらは明確に分割して考えることができないのは，活動の拠点がスポーツである以上，社会教育施設や体育関連施設の活用が伴うためである．双方ともに明らかな振興趣旨や事業姿勢が異なるため，思想や対応などの違いに関する矛盾を禁じ得ない．

　スポーツイベントなどにおいては，交流人口の増加に伴う目的消費や滞在地域内における拡大行動による消費の積み上げなどによって経済的効果を拡大させることが求められ，加えて交流人口の増大に伴う社会的効果も期待されているため，どちらのアプローチにおいても相応の環境整備が必要であることは言うまでもない．たとえ文部科学省と国土交通省それぞれのアプローチは異なるものであっても，首長による強いリーダーシップのもと，自立性や持続性や再現性を重視した政策の進行が重要である．

　今後自治体では，スポーツによる地域活性化を地域振興の起爆剤として，また推進する組織機能を地域活性のエンジンとして，スポーツ活動・文化・芸能活動を問わず各種の団体との連携・協働を伴った経済活動を積極的に展開して

いくことが求められている.

注

1) 地方自治法の第1条の2には,「地方自治体の目的は,住民の福祉を増進すること」となっている.
その「福祉」が持つ意味は,弱者対策のような狭義の福祉ではなく,広義の「福祉」を意味する.
2) 地方分権の推進を図るための関係法律の整備等に関する法律. 1999（平成11）年公布.
3) 離島における生活環境の改善や農業振興や産業振興などの基礎条件を改善するための法律.

参考文献

大田清「労働政策研究・研修機構　労働政策研究報告書』89.
岡本純也［2015］「スポーツ観光」のまなざし」『一橋大学スポーツ研究』34，pp. 30-35.
小峰隆夫［2008］「地域政策の新しいパラダイム」『地域イノベーション』0，pp. 1-8.
観光庁スポーツ観光推進連絡会議［2010］「スポーツ観光の推進について」（スポーツ観光の趣旨）.
工藤康宏，野川春夫［2002］「スポーツ・ツーリズムの研究枠組みに関する研究」『順天堂大学スポーツ健康科学研究』6，pp. 183-192.
国土交通省［2014］国土のグランドデザイン2050（対流促進型国土の形成）.
国立社会保障・人口問題研究所［2007］『日本の都道府県別将来推計人口』.
さいたま市［2014］さいたま市スポーツ振興まちづくり計画（改定版）.
千葉銀行『2014年東京オリンピック・パラリンピック開催に向けて千葉県が取り組むべき課題』.
内閣官房まち・ひと・しごと創生本部事務局まち・ひと・しごと創生『長期ビジョン』.
二宮浩彰［2009］「日本におけるスポーツ・ツーリズムの諸相——スポーツ・ツーリズム動的モデルの構築——」『同志社スポーツ健康科学』1.
原田宗彦，木村和彦［2009］『スポーツ・ヘルスツーリズム』大修館.
本郷満『スポーツによる地域活性化』中国地方総合研究センター.
三井住友信託銀行調査部［2014］『時論——地方創生に求められる覚悟——』.
全国自治体のスポーツ推進関連計画（全19自治体）.

第9章　スポーツと健康福祉

高尾将幸

はじめに

　本章では，健康や福祉に関わる自治体行政の現場で，スポーツ（あるいは身体活動）がどのように活用されているのかを論じていく．仮に健康や福祉に関する行政全般を保健医療福祉行政と呼んでおくと，日本の保健医療福祉行政は基本的人権としての「生存権」を規定した日本国憲法第25条を根拠としている．第1項では「すべて国民は，健康で文化的な最低限度の生活を営む権利を有する」ことが，続く第2項では「国は，すべての生活部面について，社会福祉，社会保障及び公衆衛生の向上及び増進に努めなければならない」ことが，それぞれ明記されている（傍点はいずれも筆者による）．

　この生存権を保障するために，憲法では社会福祉・社会保障と並んで公衆衛生の向上および増進が国の責務として定められている．ここでいう公衆衛生は，保健や医療といった，より具体的な制度から構成されるものと考えてよい［藤内 2018：2］．

　ここではまず，健康という概念について考えておきたい．健康の定義として最も有名なものは，1948年に発効した世界保健機関（WHO）による憲章の文言にある．

> Health is a state of complete physical, mental and social well-being and not merely the absence of disease or infirmity. （健康とは身体的，精神的，社会的に完璧に良好な状態であり，単に病気や疾患が欠如しているというだけではない：筆者訳）

　この憲章の発効から50年がたった1998年，WHO執行理事会は見直しに着手し，spiritual な（霊的な）側面などを追加する修正を検討したが，実際には審議されないままになっている．とはいえ，1990年代以降，日本でも単なる疾病の有無だけではなく，生活の質（quality of life）の重要性を認めようという動きも盛んになるなか，従来の疾病対策を超えた様々な健康増進の取り組みがなされている．

その中でも，とりわけ"予防"に重きを置いた政策動向は注目に値する．2000 年から第 3 次国民健康づくり運動として始まった「21 世紀の国民健康づくり運動」，通称「健康日本 21」では，① 食生活・栄養，② 身体活動・運動，③ 休養・こころの健康，④ たばこ，⑤ アルコール，⑥ 歯の健康，⑦ 糖尿病，⑧ 循環器病，⑨ がん，の 9 分野のそれぞれに評価指標と達成目標値を定め，進捗状況を評価するという成果主義的な仕組みが初めて導入された．これは，アメリカのヘルスプロモーション政策の嚆矢ともいえるヘルシーピープルに範をとったとも言われており，いわゆる早期発見・早期治療型の二次予防から，慢性疾患を未然に防ぐ一次予防の考え方を色濃く示したものであった．

この「健康日本 21」を推進する法的根拠として 2002 年には健康増進法が制定され，翌 03 年に施行された．健康増進法によって，都道府県が地方健康増進計画を作成することは法定化されることになる（市町村は努力義務）など，新しい健康増進の考え方のもとで，従来より主体的なかかわりが自治体にも求められるようになった．

次に福祉という概念について触れておく．福祉は英語にすると welfare である．これは，happiness という個人的満足を超えた，多くの人びとが共有する幸福の（最低限の）あり方を意味すると考えてよい．通常，「社会」という言葉とセットで用いられることが多いことからもわかるとおり，国民や地域住民といった，ある社会の構成員の物質的・精神的・社会的な最低限度の生活を確保するための公私にわたる組織的活動の総称を意味する．それを実現する制度を一般に社会保障制度と言うが，それは社会保険（医療保険，介護保険，年金保険，雇用保険），公的扶助，社会福祉，公衆衛生および医療，の 4 つに大別される．ただし，この中でいう「社会福祉」は狭義の福祉サービス給付と同義になる．より具体的に言えば，障害者や児童など，社会的な援護を要する者に対する生活面での様々な支援を意味する．

2000 年 4 月には「地方分権の推進を図るための関係法律の整備等に関する法律」（地方分権一括法）が施行され，自治体が主体的に行政を運営することを基本理念とした地方分権が促進されることになった．例えば，同年にスタートした介護保険制度は従来の社会保障制度にとって大きなインパクトを与えた制度的改変として知られているが，この制度は住民に身近な市町村および特別区が保険者を担い，制度の効果的な運用を目指すという狙いで構想された［北村・青木・平野 2017：219］．そして，ここでも要介護状態になることを予防する

ことで健康寿命の延伸をはかり，結果として保険財政の健全化を自治体と地域の様々な主体によって達成していくという筋道が描かれていた．このように近年の行政における健康と福祉は，その領分がクロスオーバーするだけでなく，運営の論理においても共通する部分が多い．

　ここまで，国全体としての健康および福祉の概念と，それを支える保健医療福祉行政を概観してきたが，実際の自治体行政組織における健康および福祉に関連する業務は，実に様々な領域にまたがっていると言える．例えば，本章で取り上げるスポーツ行政，健康づくり（保健），高齢者介護・福祉に関連する部署に加えて，運動や身体活動を支える公園をはじめとするインフラにかかわる部署，あるいはスポーツを題材にした観光イベントに取り組むような部署も，そこに含まれる可能性がある．他方で，狭義の保健行政（衛生行政）という考え方に基づけば，それは一般公衆衛生行政（地域保健），労働衛生行政（産業保健），学校保健行政，環境行政までを幅広くカバーすることになる．

　このように，健康および福祉の概念を広く取りすぎると焦点がぼやけたり，特定の領域のみに焦点化しすぎたりすると逆に議論が複雑化する恐れがある．そのため，本章では先にあげたスポーツ行政，地域住民のための保健（健康づくり），高齢者福祉の三領域にしぼって議論を展開する．

1 ▶ 市町村におけるスポーツと保健福祉政策の実態

　ここでは「地方におけるスポーツの価値実現」というコンセプトに照らして，広域自治体としての都道府県ではなく，地域住民の暮らしに直結する行政サービスを提供する基礎自治体である市町村に焦点を合わせる（以下，本章で自治体という場合，基礎自治体を念頭においている）．2021 年 12 月に筆者が行政職員に行った聞き取り調査，および e メールを用いた追加調査の結果と各種資料にもとづいて，具体的な議論を展開していく．

　事例として取り上げるのは，関東地方にある A 市である．人口は約 16 万人，都心から電車で 1 時間強のところにある，自然豊かな郊外の都市である．政令指定都市や中核市の指定は受けていない．人口規模としては全国的にみるとやや大きめであるが，高齢化率では約 30％と全国平均の 28.4％（総務省調べ）を若干上回っている．2015 年の国勢調査によると，第一次産業従事者の割合（括弧内は全国）が 2.1％（4％），第二次産業が 28.9％（20％），第三次産業が 69％

（71％）となっている．また，産業分類別売上高構成比（括弧内は県全体）では，「卸売業・小売業」が16.9%（24.4%）であるのに対し，製造業が43.1%（28.7%）となっていることから，産業的には製造業に重心を置いた都市であると言える．

　以下では，A市のスポーツ推進課，健康づくり課，高齢介護課のそれぞれについて，その主な業務内容，スポーツや身体活動が施策として含まれる計画，そして実行されているスポーツや身体活動・運動をめぐる具体的な施策について論じる．

2　スポーツ推進

（1）　スポーツ推進課とその役割

　A市の中でスポーツ行政を所管するスポーツ推進課は，文化スポーツ部の中に位置づけられている．他には，生涯学習課，文化振興課，図書館の三部署が同部を構成している．スポーツ推進課にはスポーツ推進担当，オリンピック・パラリンピック推進担当，ねんりんピック推進担当[3]がそれぞれ配置されている．業務内容は，スポーツ・レクリエーションの普及振興，スポーツ推進審議会，スポーツ推進委員の事務，スポーツ施設およびスポーツ広場の管理運営，A市スポーツ協会との連絡調整となっている．常勤8名，非常勤7名という人員構成になっている．

　従来，自治体におけるスポーツ行政は，スポーツ振興法をはじめとする法的根拠に基づき教育委員会がその役割を担うことが多かった．そこでは生涯スポーツの振興，競技力の向上，市民の体力の維持・増進などが，その主な目標とされている．ところが近年，教育委員会以外の組織がスポーツを所管する自治体も増えているとされ，A市もその一つにあげられる．こうした動きは，地方分権社会の促進の中に位置づけられると考えられ，様々な組織がスポーツ行政にかかわることにより，多様な市民のニーズに対応しやすくなるとともに，豊かな行政サービス提供の可能性をうかがわせる［成瀬 2008：56］．

（2）　スポーツ推進計画

　2011年，スポーツを通じて「国民が生涯にわたり心身ともに健康で文化的な生活を営む」ことができる社会の実現を目指すことをうたったスポーツ基本法が制定された．同法第10条の規定に基づき，各自治体は国のスポーツ基本

計画を参酌して，地方スポーツ推進計画を定めるよう努めるものとされた．これを受けて A 市は 2016 年に A 市スポーツ推進計画を策定している．

　A 市の計画は「するスポーツ」「みるスポーツ」「ささえるスポーツ」というスポーツの基本的関わり方に照らして，その基本目標を設定した．まず「するスポーツ」＝スポーツ実施に対しては，以下の 3 つの基本施策が設定されている．① 健康増進・運動習慣のきっかけづくりの充実，② スポーツ・レクリエーションイベントの充実，③ 安心・安全にスポーツができる環境の充実，である．このように A 市における地域住民のスポーツ実施においては，健康増進や運動習慣づくりが重視されていることがわかる．

　2021 年度からは新たに第 2 期 A 市スポーツ推進計画が開始された．ここでは基本目標が「スポーツでいつでも気軽に健康づくり」「スポーツで絆を感じる地域づくり」「持続可能なスポーツ環境づくり」へと一新されたが，健康づくりが重要な目標になっていることは旧計画と同様である．なお「スポーツでいつでも気軽に健康づくり」という基本目標には，「週 1 回 30 分以上，スポーツ・レクリエーション活動をする市民の割合」と「『チャレンジデー』の参加率」という重点指標が設定され，それぞれの数値目標も掲げられている．「週 1 回 30 分以上，スポーツ・レクリエーション活動をする市民の割合」については，計画策定時（2019 年度）の 42.9％から 2023 年度の中間値で 57.5％，2025 年度の最終的な目標値で 65％が，「『チャレンジデー』の参加率」については計画策定時の 53.2％から 2023 年度の中間値で 57.0％，2025 年度の最終的な目標値で 59％が，それぞれ設定されている．

（3）　A 市におけるスポーツイベント

　ここで 2019 年度に A 市スポーツ推進課が実施したスポーツイベント等について，年間スケジュール形式で確認してみたい（表 9-1）．これを見ると，武道や体操といった種目から比較的多くの人が参加しやすいイベント（ウォーキング，マラソン，レクリエーションなど）まで，趣向をこらした施策の実態が見て取れる[4]．これらのイベントの中には A 市内の複数の企業が協賛しているものがあるが，スポーツ推進課の職員が依頼文を送付したうえで，電話で意向調査をする，あるいは直接訪問して協賛をお願いすることもあるという．

　A 市スポーツ推進課の職員（同課課長）に筆者が行ったヒアリングでは，人々が気軽に参加しやすいウォーキングには力を入れているとの話を聞くこと

表 9-1　A 市で実施した主なスポーツイベント一覧（2019 年度実績）

	事業名	備　考
5 月	チャレンジデー	参加者数：約 88,000 名
	市民体育祭（地区体育協会主催事業）	参加者数：約 11,000 名
6 月	武道祭	体験種目 6 種目，展示種目 2 種目
	体操フェスティバル	市内体操サークル等の演技発表会
7 月	市民納涼祭（地区体育協会主催事業）	レクリエーション活動
	スポーツクライミング大会	
8 月	スポーツクライミング世界選手権観戦バスツアー	
10 月	体力・運動能力調査	
	パラスポーツのフェスティバル	
11 月	市民の日関連事業	体操サークル等による演技発表会
12 月	マラソン大会（A 市・同市陸上競技協会主催事業）	出走者数：約 2400 名 市民のエントリー：約 29%
1 月	新年ウォーキング大会（A 市主催事業）	
	駅伝競走大会（A 市主催事業）	
2 月	市町村対抗駅伝競走大会（K 県等主催事業）	
通年	スポーツ・レクリエーション体験イベント	計 10 回

出所）A 市提供資料をもとに筆者作成.

ができた．それは，従来はレクリエーションや社会教育という色合いがあった
スポーツ行政も，人口減少や少子高齢社会に伴う社会保障費の増大や地域コ
ミュニティの衰退といった現代的な社会課題への対応が求められている文脈に
おいてであるという．とりわけ，生活習慣病予防のための運動実施率の向上や
社会参加の促進に繋がるような施策の方向性が，ますます重要になっていると
のことだった．

　ちなみに，A 市は 2020 年にスポーツクライミングができる施設を開設した．
2020 年東京オリンピック・パラリンピック大会も見据え，安価な値段で市民
にクライミングに挑んでもらう施設を目指している．2022 年からは，県の公
園協会と某民間電鉄会社からなる共同事業体が同施設の指定管理を請け負うな
ど，市民の運動実施率の向上策と並行して，スポーツツーリズムを見据えた施
策展開もみられる．

3　保健（健康づくり）

（1）　健康づくり課とその役割

　A市における保健（健康づくり）行政は「こども健康部」における「健康づくり課」という部署が担当している．同課の他に子育て総務課，保育こども園課，こども家庭支援課，こども育成課といった母子保健や児童福祉関連の部署，新型感染ワクチン接種推進課が，こども健康部を構成している[5]．健康づくり課の主な業務は，地域医療，がん検診，健康診査，健康相談，健康講座，感染症予防対策，自殺予防対策，献血，健康センターの管理運営など幅広いものになっている．構成員は常勤11名（内訳は事務職が3名，保健師が6名，管理栄養士が2名），非常勤4名となっている．

　なお，健康づくり課が管理する健康センターは，会議等ができる和室や保育室の他，各種トレーニングマシンを備えたトレーニング室，卓球もできる多目的室，運動広場，足裏のつぼを刺激する「健康歩道」なども備えている（トレーニング室のトレーナーは，市の健康増進計画を推進する「健康推進員」になるための講座を修了している）．また，エントランスホールには血圧計やマッサージ機，さらに更衣室，シャワー室などもあり，スポーツや運動を実施するのに供する施設や設備，健康に関する器具が備え付けられている．一言にスポーツ施設といっても，自治体行政の現場では複数の部署が各々の目的に沿って管理運営にあたっている．

（2）　健康増進計画

　本章冒頭でも述べたように1990年代後半以降，生活習慣に起因するとされる様々な慢性疾患への対応として，一次予防を重視する健康増進施策が展開されてきた．その嚆矢ともいえるのが健康日本21であることは既に述べた通りである．A市があるK県では2001年2月にその都道府県版と言える健康づくり計画が策定された．さらにこれを受けるかたちで，A市は2002年に「壮年期死亡を減少させ，健康寿命の延伸を図り，生活の質を向上させる」ことを目的とした市の健康増進計画を策定した．以後，この計画に基づいて栄養・運動・休養を中心とした健康づくり事業，生活習慣病を見直す場の提供などの施策に取り組んでいる．

2008 年に策定された第 2 期健康増進計画では，栄養・運動・休養に加えて，人と人とのコミュニケーションやネットワークの構築・拡大に関する施策が，2013 年に策定された第 3 期計画では「こころ」の健康づくりという施策が，それぞれ追加された．また第 3 期計画では，5 つの重点施策ごとに行動目標と数値目標を設定して進行管理を図りながら計画を推進するという，成果を可視化し，客観的に評価する方針が採用された．現行の第 4 期計画では，上記の 5 つの重点施策を再編成するとともに，PDCA サイクルによる事業評価の適用と生活習慣病重症化予防施策が実施されている．

　同計画の推進体制も確認しておこう．上記のような多岐にわたる計画においては，内外にわたる多様な主体の協力と連携が不可欠である．そのため，A 市では計画推進のための A 市健康増進計画事業推進協議会を設置している．そこには，A 市役所から高齢介護課，スポーツ推進課，農産課，国保年金課，生涯学習文化振興課，外部の関係団体として食生活改善推進団体，健康づくり関連のボランティア団体，青年会議所，地元の大学等が参画している．また，専門的見地から計画の推進状況および評価を目的として，健康増進および保健衛生に関する学識経験者や関係機関，公募市民からなる A 市健康増進計画検討委員会が設置されている．ここでの審議結果を上述した健康増進計画事業推進協議会にフィードバックするという体制になっている．

（3）　身体活動・運動

　本書の趣旨にしたがって，ここでは「身体活動・運動」を中心にみていくことにする．近年，いわゆる健康づくりや健康増進の公共施策では「運動・スポーツ」に加えて「身体活動」概念が広く用いられるようになった．そこでは，自己目的的な運動やスポーツだけでなく，通勤や買い物，掃除，荷物の運搬等といった日常生活の中での手段的な身体の活動量を増やすことで健康を維持しようという発想が重視されている．A 市第 4 期計画でも，生活活動全般における身体活動量を増加させることで，運動不足に起因する脂質異常症，高血圧，糖尿病といった動脈硬化のリスクを低減させ，その結果，虚血性心疾患や脳梗塞の予防に繋がることや，高齢者における運動器機能の低下（ロコモティブシンドローム）や骨粗しょう症予防に身体活動量の全般的な増加が効果的であることが強調されている．

　この身体活動・運動が A 市の第 4 期健康増進計画においてどのように位置

表 9-2　A 市第 4 期健康増進計画の概要

基本理念	人とつながり　地域とつながり　誰もが健やかに暮らせるまち「A」		
総合目標	健康寿命の延伸・壮年期死亡の減少・生活の質の向上		
基本の方向性	I　健康を支援するコミュニティの実現		
	II　健康維持向上のための生活習慣の改善と環境づくり（疾病予防と健康増進）		
	III　生活習慣病の重症化予防		

出所）A 市提供資料をもとに筆者作成.

づけられているかも確認していこう. **表 9-2** は同計画の理念，目標，方向性を示している. このなかで，身体活動・運動は，基本の方向性のふたつ目「健康維持向上のための生活習慣の改善と環境づくり（疾病予防と健康増進）」の中に位置付けられている. 重点目標は「身体活動・運動を行う人を増やす」である. その評価指標は ① 日常生活において 1 時間以上の歩行と同等の活動を行っている人の増加と，② 運動習慣のある人（1 回 30 分以上，週 2 回以上の運動を 1 年以上継続している人）の割合の増加，の二点であり，40 歳から 64 歳，65 歳から 74 歳の男女それぞれに目標値が設定されている. 例えば，① については 40〜64 歳の女性が 56％，男性が 54％，65〜74 歳の女性が 58％，男性が 62％となっている.

　加えて，**表 9-3** では同計画の令和 2 年度時点での進行管理シートの一部を抜粋して示した（固有名詞などの文言は一部，改変した）. 目標値と実績値を可視化し，どの程度の成果が出ているかを示すことが，現在の自治体行政の現場では要求されていることが，この表からうかがえる. また，表中の「生活習慣病予防事業の実施」は国民健康保険や後期高齢者医療制度を所管する国保年金課との協働施策となっている. 同施策では，国民健康保険加入者に対して，特定健康診査を受診し，保健指導や健康講座を受講することでポイントが付与され，景品が当たるという仕組みが採用されている. こうした，参加者のインセンティブを刺激する健康づくり施策の導入は，近年，他の自治体においても散見される.

　加えて，PTA 向けの運動講座や地元の T 大学の協力による運動講座も開催されている. 地元 T 大学の協力を得て作成された A 市民体操については，同体操を地域へ普及するボランティアが存在しており，健康づくり課ではその支援・育成事業に注力している. この体操普及ボランティアは，市内にある自主体操会（ほとんどのグループで A 市民体操が実施されている）に参加し，自ら実践し

表9-3　A市第4期健康増進計画の「進行管理シート」

主な取組（事業名）／内容	目標値・実績値等	年度 H30	R1	R2	R3	R4	実施状況及び成果等（R2）	担当課評価	課題及び今後の対策（方向性）
幼少中PTA向け健康講座〜身体活動編〜	指標	アンケートで「実施する」割合（％）					幼稚園・こども園及び小中学校PTAを対象に身体活動に関する出張講座を実施。感染症の影響で、前年よりも実施校数が減少したが、アンケートでは「実践できる内容があった」と約9割が回答し、身体活動を増やす意識の向上につなげることができた。実施校：2校／参加者数：66人	B	若い世代へ普及啓発する機会と捉え、前年度に周知し、多くの参加があるようPTA側の担当者と連携し、健康の情報発信もあわせて実施していく。
幼稚園・こども園・小・中学校のPTA向けの運動講座	目標値	100	100	100	100	100			
	実績値	94.9	90.7	89.4					
健康教育事業	指標	アンケートで「運動を実践・継続できる」割合（％）					学生の協力が得られる春休みの時期に、地元T大学の協力を得て実施。歩行姿勢の測定や筋力アップ運動の紹介など、ロコモ予防の実践につながる内容で実施した。実施回数：2回／参加者数：56人	B	ロコモ予防を中心に、日常生活で気軽に実践できる内容について、大学の新しい知識や測定機器等の事業協力を得ながら、連携して開催していく。
地元T大学の学生が中心となって運動講座を開催	目標値	90	100	100	100	100			
	実績値	84.8	0	82.0					
生活習慣病予防事業の実施	指標	アンケートで「実践する、できそう」の割合（％）					特定健診受診者等を対象に実施。案内チラシの内容を見直し、講座の目的を明確にして周知したことが、自ら生活習慣の改善すべき点を見つけ、実践する意欲につながった。（感染症拡大防止のため中止した講座あり）4講座の全参加者数（延）：236人	A	自身の生活習慣を見直すために参加する人が増え、自己効力感を高めながら自ら生活習慣の改善に取り組めるよう、今後もニーズに合わせた内容を検討し、講座を開催していく。
メタボリックシンドロームの改善・予防を図る講座（脱メタボ・スリムアップ・健康サポート講座・糖尿病予防）	目標値	80	82	85	88	90			
	実績値	75.3	89.9	84.6					
重点健康相談事業（骨密度測定相談会）	指標	骨密度測定会の参加人数（人）					乳がん検診時、特定健診受診者の講座等で骨密度測定を実施した。同時に骨密度を増やす生活習慣改善に向けて相談を行った。乳がん検診：7回236人、講座：7回63人	B	乳がん検診時での啓発は、若い世代の人へアプローチする機会であり、初めて骨密度を受ける人も多いため、骨しょう症予防について周知していく。
骨粗鬆症予防を目的とした骨密度測定の実施	目標値	400	400	400	400	400			
	実績値	428	398	299					
運動推進事業（A市民体操出張講習会）の実施	指標	体操出張講座の依頼（団体数）					依頼のあった自治会や団体に出向き、A市民体操の指導、継続を支援した。依頼数は減少したが、感染症対策を講じ、人数を制限したうえで、回数を増やして実施した。実施回数：8回、参加者合計：実101人	B	少人数であっても、より多くの団体等から、出張講座の依頼があるよう、積極的にPRしていく。
依頼のあった団体へのA市民体操の出張出前講座	目標値	10	11	12	13	14			
	実績値	6	9	4					
体操普及ボランティアの養成及び育成	指標	同ボランティアの活動回数（回）					感染症の影響で、イベントでの普及啓発や地域の団体等への出張講座で活動する機会はなかった。ボランティアが自主で行う体操（屋外）等では、それぞれが活動できている。	C	A市民体操を通じて、地域住民の運動のきっかけづくりや継続につながるよう、コロナ禍における同ボランティアの活動の場や方法について検討が必要。
同ボランティアを養成・育成し、地域で活動できるよう支援	目標値	75	77	79	81	83			
	実績値	75	82						
地域での体操会の開催	指標	市内体操会への延参加者数（人）					市直営体操会（2か所）や委託体操会（3か所）、自主の公園体操会を含む8か所で実施。公園等の身近な場所で開催する体操会（屋外）は、緊急事態宣言下の状況を見ながら、継続が図れた。直営体操は、開催の要望が多くあったが、屋内のため密が想定されることから中止し、延べ参加者数は減少。	C	公園等の身近な場所で、自主的に行う「体操会」が継続して行えるよう、活動を支援する。また、直営体操会については、コロナ禍で開催していく方法を検討し、運営を担う体操普及ボランティアに協力を得ながら進めていく必要がある。
体操普及ボランティアが中心となり、体操会を定期的に開催	目標値	8000	8100	8200	8300	8400			
	実績値	7125	5181	2654					

普及啓発事業の実施	指標	ウォーキングマップ等の配布数（枚）					ウォーキングマップ，A市民体操の解説図を，市内のショッピングモールで開催した未病関係のブースで配布し，コロナ禍でもできる身近な健康づくりとして情報提供した．ウォーキングマップには，K県が推進する健康管理アプリのQRコードを掲載し，歩数を計測して楽しみながらウォーキングが継続できるよう周知した．	B	市民が運動に取り組めるよう，媒体の工夫，各イベントや講座実施の機会をとらえて積極的に情報提供していく．
ウォーキングマップ，市内体操会案内，A市民体操のCD・DVD等を配布	目標値	550	600	650	700	750			
	実績値	570	980	550					
健康増進計画事業推進協議会との協働事業	指標	ウォーキングイベントの参加者数（人）					例年，開催しているウォーキングイベントは，健康づくりに関心が薄い人やあらゆる世代の人が参加し，A市第4期健康増進計画の推進に関連した普及啓発を行う機会であったが，感染症の影響で中止となった．コースは，HP上で公開し，少人数でのウォーキングを呼び掛けた．	D	「桜」をきっかけにしたウォーキングイベントは，あらゆる世代に健康情報を普及啓発できる機会でもあり，安全に開催する方法等を検討していく．
健康増進計画の推進協議会と協力して，健康づくりイベントを実施	目標値	400	400	400	400	400			
	実績値	276	471	—					

出所）A市提供資料をもとに筆者作成．

ながら体操に関する知識と技術を普及する役目を担うことが期待されている．

　なお，PTA向けの運動講座は健康運動指導士等の資格を持つ外部講師への従事依頼という形でなされている一方，A市民体操の出張講習会は上記ボランティアと職員が担当している．さらに市民体操の普及ボランティアは，チャレンジデーや市民体育祭といったイベント等での市民体操の披露，団体・サークル等への体操指導など，地域住民と行政との間で幅広く活動している．同体操については，立位および座位それぞれのバージョンが制作されており，地域住民へのCD・DVDの配布に加えて，ホームページ等での動画視聴も可能になっている．このように，専門的な知識を一方的に地域住民に与えるのではなく，彼らが自ら率先して健康づくりに取り組むような仕掛けをつくることが，自治体行政の現場では課題となっている．

4　高齢介護課

（1）　高齢介護課とその役割

　2000年に施行された介護保険制度は，従来の行政処分としての措置制度を脱却し，介護の社会化を標榜していた．それは，① 介護の必要量を全国的な基準によって定量的に測る要介護認定，② サービス給付の裏付けとなる介護保険料の市町村による設定，③ NPOを含む民間サービス事業者の参入，の3本柱からなる極めて画期的な制度変更であった［鏡 2012：3］．地域における高齢者の保健福祉施策において，文字通り現在の中心的な制度になっていると言っても過言ではない．

A市の高齢介護課は福祉部に属しており，高齢介護課の主な業務内容は，高齢者保健福祉計画の策定及び進捗管理，介護保険事業者の指定及び指導を担当している．福祉部を構成する部署には，同課に加えて地域共生推進課，生活援護課，障害福祉課，国保年金課が名を連ねている．令和3年度の同課内の高齢者支援担当の構成員は全21名となっている．常勤職は11名で，その内訳は保健師が3名，事務職が8名，他方で非常勤職員は10名で，その内訳は保健師2名，看護師2名，管理栄養士2名，歯科衛生士1名，社会福祉士1名，事務職が2名となっている．このように，関係する専門職も多彩であることがわかる．

（2） 高齢者保健福祉計画・介護保険事業計画

2021年3月，A市は第8期となる高齢者保健福祉計画・介護保険事業計画を策定した．この計画は，団塊の世代が75歳以上となる2025年，団塊ジュニア世代が65歳以上となる2040年を見据え，中長期的な視野に立った高齢者保健福祉施策を明らかにし，適正な介護保険給付を実施するための介護保険事業の指針を定めるとしている．計画の概要は下記，**表9-4** の通りである．

表9-4 第8期A市高齢者保健福祉計画・介護保険事業計画の概要

基本理念	・健康で歳を重ねることを楽しみながら自己実現を図り，介護される時期を遅らせましょう ・いつまでも安心して楽しめる，みんなで支え合う社会を作りましょう
政策目標	・高齢者とともに取り組む，住み慣れた地域で暮らし続けられるまちづくり ・寝たきりにさせない，認知症になっても安心な社会
成果指標	① 健康寿命（平均自立期間）の延伸 ② 介護・支援を必要としない方（第1号被保険者）の割合 ③ 生きがいを感じている高齢者の割合（アンケート回答）
重点施策	a. 地域包括ケアシステムの深化・推進 b. 認知症施策の推進 c. 健康と生きがいづくり d. 介護予防・自立支援，重度化防止の推進 e. 介護保険の健全運営と円滑な実施

出所）A市提供資料をもとに筆者作成．

154

（3） 介護予防における身体活動・運動

　表 9-4 に示しているように，同計画では a から e まで 5 つの重点施策が設定
されている．本書の趣旨に鑑みて，ここでは c および d の内容に着目したい．
まず c の「健康と生きがいづくり」については，介護予防に繋がる運動・口
腔・栄養に関する活動を行うボランティアやサポーターの育成，さらには地域
住民や民間事業者による自主的な介護予防活動に対して補助金を与える仕組み
が整えられている．また，老人クラブ活動やシルバーカルチャースクール，各
種ボランティア活動への支援が行われている

　こうした活動には，他部署と連携して実施されるものが散見される．例えば，
高齢者の社会参加や生きがいづくりのための趣味・学習活動に関する講座が，
生涯学習課と連携して開かれている．また，地域の防犯意識の向上も兼ねた出
前講座が，地域安全課との連携として老人クラブや自治会等の活動場所で実施
されている．管理栄養士や歯科衛生士などの専門職が行う体操・口腔・栄養に
関する講座と，防犯研修会や交通安全教室とを抱き合わせることで，住民の生
活に根差したイベントにしようという努力が垣間見える．

　次に d の「介護予防・自立支援，重度化防止の推進」について論じる．現
在の介護保険制度を中心とした介護サービスの提供は，主として要介護認定を
受けた人びとを対象にしたものと，それ以外とに大別される．前者は介護給付
（要介護 1 ～ 5）および予防給付（要支援 1 ～ 2），後者は地域支援事業という括り
になっている．財源構成にも違いがあり，前者および後者の一部（介護予防・日
常生活支援総合事業）は国（25%），都道府県（12.5%），市町村（12.5%），第 1 号保
険料（23%），第 2 号保険料（27%）という構成になっている．後者（地域支援事
業）における包括的支援事業および任意事業には，上記の第 2 号保険料，つま
り 40 歳以上 64 歳未満の人々の保険料が含まれていないという違いがある．

　さて，保険財政の持続可能性を担保することは，介護保険制度にとって大き
な問題としてしばしば強調されている．そこでキーワードになるのが，すでに
触れた介護予防である．これは要介護状態になること，あるいは介護が必要な
度合いが大きくなること（重度化）を防止するという概念であるとともに，保
険財政の健全化にも寄与するものと考えられている．この介護予防という言葉
で括られる施策は多岐にわたるが，本書の趣旨に鑑みてポイントになるのは，
やはり生活全般における活動量の確保や日常生活動作の自立度になる．

例えば，介護予防・日常生活支援総合事業における「介護予防・生活支援サービス事業」は，訪問型サービス，通所型サービス，その他の生活支援サービス，介護予防支援事業の4つのサービスがあるが，この中でA市では通所サービスの短期集中予防通所サービスを提供している．ここでは，要支援等の人を対象に専門職による集中的なサービスを実施することで，利用者が生活機能を向上させ，介護保険サービスを必要としない状態が目指される．通所先としては，民間フィットネスジム，整形外科，整骨院があり，それぞれ理学療法士やトレーニングの専門家による指導やフォローアップ体制が敷かれている．

　これらは基本的に介護認定を受けた人が対象となるが，介護予防・日常生活支援総合事業には65歳以上であれば誰でも利用できる「一般介護予防事業」も含まれている．それは，介護予防把握事業，介護予防普及啓発事業，地域介護予防活動支援事業，一般介護予防事業評価事業，地域リハビリテーション活動支援事業によって構成される．このなかで，A市における介護予防普及啓発事業では，公民館等で運動メニューを中心に口腔・栄養・介護予防講座をしている．

　ここでは，フレイル予防に関する講座の例を示しておく．「フレイル」とは，老衰や虚弱といった意味を持つ英語のFrailtyの日本語訳である．日本老年医学会は，2014年にFrailtyの持つ身体的，精神心理的，社会的側面のニュアンスを表現し，その認知度を高めるとともに，予防の重要性を広く啓発するためにFrailtyの適切な日本語訳の検討を行った．その結果，このフレイルという言葉が用いられることになったとされている［荒井 2014：51］．端的に言えば，年齢と共に心身の活力が低下していく状態であり，いわゆる健康な状態と介護が必要な状態の中間に位置するとされる．

　A市では，このフレイル予防に関する講座を2日間の教室形態で実施している（**図9-1**）．満65歳以上の住民を対象に，1日目はフレイルチェック測定，2日目はフレイル予防の講座が実施される．フレイルチェックの測定会では，口腔機能・下肢機能・握力・ふくらはぎの太さ・手足の筋肉量の測定から，自身の身体状態を理解することが目指される．二日目は，この測定結果をもとに運動・口腔・栄養・社会参加の予防ポイントを管理栄養士，歯科衛生士，理学療法士，保健師等の専門職から学ぶことになる．なお，このフレイル予防に関しても，フレイルサポーターと呼ばれるボランティアの養成講座が実施されている．同ボランティアはフレイルチェック測定会の支援等を行うことが期待さ

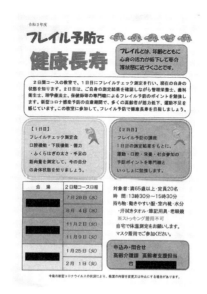

図9-1　フレイル予防に関する講座のチラシ

出所）A市作成（許可を得たうえで一部，筆者が改変）．

れている．

　その他にも高齢介護課では，より積極的に身体を動かすことを目的としたプログラムを開催している．例えば，「いきいき運動コース」という名称でA市民体操や軽い筋力トレーニングなどを実施する運動プログラム，ポールウォーキングの講座，コグニサイズ[6]の体験会がある．また，A市一般介護予防事業として，姿勢改善を改善して痛みを予防・改善するための教室もある．これは市内の各公民館にて実施されているが，現場では民間のフィットネスクラブが指導を請け負っているところに特徴がある．

おわりに

　本章では，健康や福祉に関わる自治体行政の現場で，スポーツ（あるいは身体活動）がどのように活用されているのかを論じてきた．最後に若干のポイントを述べておきたい．

　まず，保健福祉政策の中でスポーツが注目されているのは，それが地域住民

の健康づくりに資するという点に最大の理由がある．具体的に言えば，慢性疾患や要介護状態に繋がるフレイルの予防といった人々の直接的な健やかさの実現と，増大する社会保障費をいかにおさえるかという社会的課題への対応という側面がある．そのことを端的に示しているのが，健康寿命の延伸というキャッチフレーズであることは明らかだろう．

　続いて，人々の生活の現場に近い政策実施の現場では，スポーツと健康福祉は二項対立的に区別されているのではなく，時として共存・協力しながら多彩な企画が実行されているという点を指摘したい．中央政府のレベルでは，文部科学省，厚生労働省，スポーツ庁といた巨大な省庁ごとに政策や予算のあり方が決められてはいるが，自治体レベルではそういった垣根を越えて政策が実行に移されているのである．その意味でも，現在の自治体行政の現場では内外の多様な主体の間の調整作業が極めて重要になっている．とりわけ住民のスポーツ振興などの自治体の裁量度が比較的大きいとされる部門では，目的意識の有無が施策展開の成否を分けることもあるため，政策立案においても柔軟かつ横断的な思考が求められると言えるだろう．

　さらに，特に健康や福祉に関する現場においては，専門職の人びとが協力し合ってサービスの提供に努めている．これに加えて，複雑な制度的改変も決して少ないとは言えない．そうした中で住民の健康や福祉に資するスポーツ政策を充実させていくには，保健福祉に関する十分な知識を関係者で共有するとともに，様々な施策を効果的かつ効率的に組み合わせていく企画力が求められると思われる．

　人は各自の人生を切れ目なく生きている．健康や福祉といった概念は，そうした多様で連続した生にとってかけがえのない価値を表象している．だとすれば，専門性の高さがセクショナリズムを生み，人々の生活を分断するようなことは避けなければならない．その意味で，暮らしの現場である地域社会で求められる行政サービスは，量的なものだけでなく，質的にも益々その充実が求められていると言える．事例研究を含めて，多くの調査結果を積み上げていくことで，そうした仕組み作りへと繋げていく必要がある．

注 》》

1)　健康寿命とは，一般に疾病や介護が不要な状態で生きられる期間を意味し，平均寿命と対で用いられることが多い．健康寿命概念とその歴史性や多義性については，高尾

［2014］を参照のこと.

2) 国レベルの健康福祉政策におけるスポーツのあり方については，松畑［2021］および高尾［2018］を参照のこと.

3) 正式名称は全国健康福祉祭という．厚生省（現在の厚生労働省）の創設 50 周年を記念して，1988 年に開始された官製イベントである．通常，各種スポーツ大会をはじめ，美術や音楽の発表会，健康福祉関連の機器類の展示，シンポジウム等が企画されている．厚生労働省，開催都道府県・政令指定都市，一般財団法人長寿社会開発センターが主催者になっており，スポーツ庁も 2015 年の第 28 回全国健康福祉祭やまぐち大会から共催者となった.

4) 「チャレンジデー」とは，笹川スポーツ財団が主催する毎年 5 月の最終水曜日に行われる住民総参加型スポーツイベントを言う．人口規模がほぼ同じ自治体同士が，15 分間以上継続して運動やスポーツを行った住民の参加率を競い合うというイベントである（https://www.ssf.or.jp/dotank/challengeday/index.html，2022 年 4 月 12 日閲覧）.

5) こうした構成は 1997 年に施行された地域保健法によって，母子保健サービスの実施主体を市町村に変更し，すでに市町村が実施主体となっていた老人保健サービスと合わせて生涯を通じた健康づくりの体勢を整備することになったという経緯がある［曽根 2017：31］.

6) 「コグニサイズ」とは，国立長寿医療研究センターが開発した運動と認知課題（計算，しりとりなど）を組み合わせた，認知症予防を目的とした取り組みの総称を表した造語のことを言う（https://www.ncgg.go.jp/hospital/kenshu/kenshu/27-4.html，2022 年 4 月 18 日閲覧）.

参考文献 〉〉〉

荒井秀典［2014］「フレイルの意義」『日本老年医学会雑誌』51(6).

鏡諭［2012］「介護保険と高齢者福祉の政策的課題——介護予防政策をめぐって——」『淑徳大学研究紀要（総合福祉学部・コミュニティ政策学部）』46.

北村亘・青木栄一・平野淳一［2017］「高齢者福祉」，北村亘・青木栄一・平野淳一『地方自治論—— 2 つの自律性のはざまで——』有斐閣.

高尾将幸［2014］『「健康」語りと日本社会——リスクと責任のポリティクス——』新評論.

高尾将幸［2018］「健康政策と身体活動／スポーツ」『計画行政』41(3).

藤内修二［2018］「保健医療福祉行政のめざすもの」，藤内修二編『保健医療福祉行政論（第 5 版）』医学書院.

成瀬和弥［2008］「スポーツの行政組織と振興計画」，諏訪伸夫・井上洋一・齋藤健司ほか編『スポーツ政策の現代的課題』日本評論社.

松畑尚子［2021］「健康福祉政策におけるスポーツ」，真山達志・成瀬和弥編著『公共政策の中のスポーツ』晃洋書房.

第10章　プロスポーツと地方

はじめに

　プロスポーツクラブは興行試合の開催などを主な事業とする民間営利企業で
あるが，日本では地域と深い関係を形成することを前提としてプロクラブが成
立することがある．例えば，日本のプロサッカーリーグである公益社団法人日
本プロサッカーリーグ（以下，Jリーグ）は，地域社会との関係を重視すること
をリーグの活動方針としている[1]．Jリーグはプロスポーツとして営利事業を追
求するだけではなく，地域社会との間に関係を築き，地域とともに発展してい
くことを目指しているのであり，リーグに加盟するクラブ（以下，Jリーグクラ
ブ）もこの方針のもとに活動することになる．

　Jリーグの地域社会との関係を重視する方針は，Jリーグ規約のホームタウ
ンを定める規定に具体的に表れている．この規定とは，Jリーグに加盟するク
ラブがある特定の市町村をホームタウンとして定めなければならず，「ホーム
タウンにおいて，地域社会と一体となったクラブ作り（社会貢献活動を含む）を
行い，サッカーをはじめとするスポーツの普及および振興に努めなければなら
ない」（Jリーグ規約第24条）というものである[2]．この規定に基づいて，Jリーグ
クラブは健康，地域振興，社会課題の解決など様々な領域に及ぶ活動（ホーム
タウン活動と呼ばれる）を，各クラブのホームタウンにおいて展開している．

　以上の例が示すように，プロスポーツクラブは単に営利事業のみを実施して
いるのではなく，「地域」との間に関係を形成しており，地域との関係の中で
クラブが成立しているのである．また，「地域」という総称でまとめられるプ
ロスポーツクラブと関係を有する主体は，自治体，地域経済団体，地域教育団
体，観光団体，地域交通関係団体，クラブ支援団体など様々なものが想定され
る．本章では，地域に密着して成立しているプロスポーツクラブと地域に存在
する主体との関係について，様々な実態を紹介しながら解説する．

1 ▶ プロスポーツと自治体の関係

本節では，地域の公共的問題の解決の主要な担い手である自治体とプロスポーツの関係について，（1）では自治体政策におけるプロスポーツの位置づけ，（2）ではプロスポーツに必須のスポーツ施設の確保や利用をめぐる関係，（3）ではプロスポーツ支援や官民連携の様々な実態を解説する．

（1） 自治体のスポーツ政策とプロスポーツの関係

自治体政策は法・条例，計画，予算など様々な表現形式で公示される［秋吉ら 2020：28-29］．ここでは，スポーツに関する条例と行政計画を取り上げ，自治体政策におけるプロスポーツの位置づけを確認する．

まず，地方自治体の議会が制定する条例についてみると，条例によりプロスポーツの位置や役割が定められることがある．例えば，東京都町田市の定める「町田市スポーツ推進条例」は，「市内を本拠としてスポーツ関連活動を行う法人その他の団体のうち特定のスポーツ競技において国内における最高水準の組織に所属し，又は所属することが見込まれるものであって，市長の承認を受けたもの」を「ホームタウンチーム」と定め，その役割を条例により規定している．この事例は，条例という規範性や拘束力を有する法という公示形式によってプロスポーツの役割が定められるものが出現していることを示している．

次に，自治体のスポーツ政策の基本的な方針を定める地方スポーツ推進計画についてみると，自治体はプロスポーツとの官民パートナーシップ（Public-Private Partnership: PPP）[3]を様々な政策の目的を達成するための手段として位置づけている[4]．例えば，自治体はJリーグクラブとのPPPを通じて，① プロスポーツの資源（人的資源や専門的知識）を活用した地域住民のスポーツ振興，② スポーツ観戦を核とした地域住民のスポーツ振興，③ プロスポーツを産業・観光資源とした地域経済の活性化やまちの魅力向上・発信，④ プロスポーツを通じた地域内・市民間の交流促進，⑤ プロスポーツの振興・活性化による地域活性化といった政策の目的を達成しようとしている［日下 2020］．自治体はプロスポーツという地域資源に注目し，多様な政策の目的を実現しようとしていることがわかる．

（２） プロスポーツクラブのスポーツ施設の確保や利用に係る自治体との関係

プロスポーツクラブの活動にスポーツ施設は不可欠である．スタジアムやアリーナは興行試合を実施するために確保されなければならないし，練習場はプロスポーツの日々のトレーニングに使用されるものである．実際に，プロリーグはリーグへの加盟条件やリーグへの参加資格であるライセンス付与基準として施設に関する規定を定めており，プロクラブが成立するためには施設の確保や整備に関わる基準をクリアしなければならない．例えば，Ｊリーグ「J1クラブライセンス交付規則」（最終改正 2022 年 1 月 1 日）やＢリーグ「クラブライセンス交付規則」（最終改定 2021 年 7 月 13 日）は，ライセンスの申請者（クラブ）が公式試合を開催するための施設の確保について，クラブが施設を所有しているか，クラブと施設所有者の間で施設を使用できることが書面にて合意されていることを条件として定めている．

プロスポーツクラブにとって，興行試合を成立させるためにスポーツ施設（スタジアムやアリーナ）を確保することは必須である．しかし，クラブが必ずしも自前でスポーツ施設を所有しているわけではなく，その確保や利用について自治体から様々な支援を受けている．例えば，Ｊリーグの場合，自治体とクラブとの間にはスタジアムの確保や利用をめぐり密接な関係が築かれている［日下 2017］．

まず，スタジアムの所有者についてみると，Ｊリーグの使用するスタジアムは自治体所有であるものが大半を占める．プロスポーツの興行試合を開催するためのスタジアムをクラブが自ら所有していることは稀であり，公共スポーツ施設を借用することによってスタジアムを確保している．また，スタジアムの所有者である自治体の規模についてみると，都道府県または政令指定都市が多い．クラブに提供できるスタジアムを所有している自治体は一定の人口や財政の規模を備えている自治体であることがわかる．

また，スタジアムの利用に関する資源配分についてみると，クラブに対する優遇的な措置が行われている．まず，クラブが優先的にスタジアムを利用する（リーグ戦の利用などを優先的に確保する）ことができるような措置がなされる場合がある．また，スタジアムを利用する際，条例等で定められている料金から減免措置を受ける場合もある．さらに，Ｊリーグの定めるスタジアムの基準に適

合するように，自治体がスタジアムを改修する事例も存在する．

　自治体とJリーグクラブの関係からわかることは，スポーツ施設をめぐり自治体とプロスポーツクラブの間に密接な関係が構築されていることがプロクラブの存立を支えているということである．また，スポーツ施設に関する自治体の支援がプロスポーツクラブの経営活動の活性化につながることもある［松橋2020］．

　スポーツ施設の存在は，プロスポーツクラブがある地域を本拠地とするための重要な要素である．そのため，スポーツ施設の建設や移転はプロクラブと自治体の間で争点になることがある．その例として，Jリーグクラブの鹿島アントラーズによるスタジアム構想の発表が挙げられる．Jリーグクラブである鹿島アントラーズは，2021年10月1日に，新スタジアム構想を発表した［朝日新聞2021］．この構想では，5年後（2026年）をめどに新スタジアムについての方針を決定する予定であるとされ，新スタジアムの建て替え／移転については明言されなかった．この構想に対して，ホームスタジアムのある茨城県鹿嶋市の錦織市長は，2021年12月7日に開催された定例会（第4回）において，市として新スタジアムは鹿嶋市内に残すことを大前提としてスタジアムの在り方を議論していると述べている．この事例からは，スポーツ施設がクラブを地域にとどめるための重要な資源であることが示唆される[5]．

（3） 自治体によるプロスポーツ支援や官民連携の様々なかたち
① 資本金の出資

　株式会社の形態をとることが多いプロスポーツクラブは自治体から資本金の出資を受けている場合がある．例えば，香川県はBリーグクラブの運営法人である株式会社ファイブアローズに対して1000万円を出資している．この出資の背景について，香川県知事は，クラブから支援の要望があったことを受け，民間企業，県民，自治体が三位一体となり県全体でチームを支える機運を高めるために出資することとしたと説明している（2016年5月28日の定例記者会見）．この事例は，自治体が地域密着型プロスポーツクラブの財政的基盤を支援することでその存立を支援する場合があることを示している．

② 補助金・助成金の交付

　自治体によるプロスポーツ支援の方策として，補助金・助成金の交付が挙げ

られる．ここでは，愛媛県，岡山県津山市，山形県の事例を紹介する．

　愛媛県は3つの補助金・助成金交付制度を設けている．1つ目は「愛媛県プロスポーツ応援バス事業費補助金」である．この補助金はプロスポーツのホームゲームの集客促進を目的として，愛媛県が主催する「えひめプロスポ応援DAY」開催試合において，プロスポーツ球団が実施する応援バスの運行等に対して補助金を交付するものである．2つ目は「地域密着型プロスポーツ応援イベント助成金」である．この助成金は，プロスポーツのゲームを盛り上げるとともに，より多くの県民がイベントへの参加を通じて各プロスポーツへの関心を高めることを目的としたものであり，交付対象は各事業を実施する市町とされている．3つ目は「地域応援促進事業助成金」である．この助成金の交付対象は地域ぐるみでの応援機運醸成事業を行う市町であり，「各市町の活発な活動を促すとともに，地域住民と選手が結びつきを深め，応援機運醸成を図る」こと目的としている．

　津山市は，市内で開催されるプロスポーツの試合等を増加させ，交流人口の拡大及び地域活性化を目的として「津山市プロスポーツ誘致促進事業補助金」を設けている．この支援の補助対象はプロスポーツクラブそのものであり，交付を受けるプロスポーツクラブは市のスポーツ振興に寄与する公共性のある事業等を行うことが付帯条件とされている．

　山形県は，「新たなファンを掘り起こし，本県の更なるスポーツの振興を図るとともに，地域の活性化に寄与することを目的」として「山形県プロスポーツ支援団体活動応援事業費補助金」を設けている．この補助金の交付対象はプロスポーツクラブではなく，県・市町村を構成員に含む団体，民間非営利団体（NPO法人，ボランティア団体，スポーツ少年団など）であり，これらの団体が実施するプロスポーツ応援イベントやプロスポーツ協働事業などに対して補助金を交付することとされている．

　補助金・助成金制度は，経済的インセンティブを与えることによって望ましい行為に導こうとする政策手段［秋吉ら 2020：93-96］に該当すると考えられる．そのため，この制度は単に自治体がプロスポーツを支援しているという意味だけではなく，自治体が目指す望ましい状態に向けて対象集団の行為を導いていると捉えることができる．津山市を例にとると，プロスポーツクラブによる地域内での興行試合の開催や地域におけるスポーツ振興事業の実施へ導くために，補助金という経済的インセンティブを用いていると捉えることができる．

③ 連携協議会の創設による関連団体のネットワーク化

　自治体とプロスポーツクラブが連携・協働したり，関係者を繋げたりするために，関係者間でネットワークが形成されることがある．例えば，4つのプロスポーツ球団（Jリーグに加盟する愛媛FCとFC今治，プロ野球独立リーグに加盟する愛媛マンダリンパイレーツ，Bリーグに加盟する愛媛オレンジバイキングス）が存在する愛媛県では，「県内各種団体，行政機関など幅広い主体の参画を得て，プロスポーツの地域密着型活動とこれを活用した地域活性化方策を促進するとともに，これらを，新たなファン層の掘り起こしなどプロスポーツ支援の拡大につなげることにより，競技スポーツの振興を含めた地域の振興を図り，もって元気えひめの創造に寄与することを目的」として，2006年より愛媛県プロスポーツ地域振興協議会が設立されている．同協議会の構成団体は，県内の各自治体，愛媛県商工会議所連合会，愛媛県観光物産協会，県議会スポーツ振興議員連盟，県中小企業団体中央会，経済同友会，経営者協会，農業協同組合中央会，漁業協同組合連合会，県スポーツ協会，県サッカー協会，県軟式野球連盟，県中学校体育連盟，県高等学校体育連盟，県総合型地域スポーツクラブ連絡協議会，愛媛FC市民後援会など計55に上る．同協議会は，その目的を達成するため，① フォーラム等の開催，② 県民気運の盛上げに向けたPR活動等の実施などの事業を実施している．

　このような連携組織は，プロスポーツを中心とした取組を行う上で，自治体とプロスポーツクラブだけにとどまらない地域の関係者を繋げる機能を持つ制度的仕組みである．このような制度的仕組みは，飯盛［2015］のいう「プラットフォーム」の一例と捉えることができるだろう．

2　プロスポーツと地域主体の様々な連携・協働

（1）　スタジアム・アリーナの整備に向けた各地の動き

　プロスポーツや地域の経済団体が中心となり，プロスポーツの興行試合に用いられるスタジアムやアリーナを整備する動きが全国各地で活発化している[6]．ここでは，プロスポーツの試合に使用されるスタジアムやアリーナの整備に向けた各地の動向を複数紹介する．

　まず，プロ野球の北海道日本ハムファイターズのボールパーク建設の事例である．この事例は，新たな本拠地の建設を検討するプロスポーツとプロスポー

ツの誘致を目指す自治体の動きが合流するとともに，まちづくりと連動した本拠地の整備が行われ，さらには広域的な官民連携体制を構築してプロスポーツの本拠地を通じた地域活性化を目指しているものである[7]．

　ボールパークの建設地である北海道北広島市への建設決定までの経緯は，以下のように整理できる［北広島市 n.d.］．2016 年 6 月 14 日北広島市議会定例会において，北海道日本ハムファイターズの本拠地移転構想が「きたひろしま総合運動公園」予定地を候補地の一つとして調査・検討が進められていることを受け，市長が北広島市への誘致を表明し，同年 6 月 17 日に市長が球団を訪問し，誘致活動を申し入れた．その後，市から球団に対する提案書の提出，市と球団の間の実務者協議の開催，市と球団間のパートナー協定の締結などを経て，2018 年 3 月 26 日にきたひろしま総合運動公園予定地がボールパーク建設候補地として内定し，同年 11 月 5 日に球団等がボールパークの建設予定地をきたひろしま総合運動公園とすることを正式に発表した．

　このボールパーク構想は北広島市のまちづくりと密接に関連づけられている．ボールパークの建設予定地決定後には，市の総合計画の年次的計画である「北広島市総合計画（第 5 次）2018 推進計画」の第 6 章「にぎわい・活力のあるまち」において，ボールパークを核としたまちづくり方策等を行う事業が新規に設けられた．2021 年に策定された「北広島市総合計画（第 6 次）」では，まちづくりの基本構想の 1 つとしてボールパーク構想と連携して様々な分野に波及効果を生み出すことによりまちづくりを推進することが位置づけられた．

　ボールパーク構想を中心としたまちづくりは，球団と本拠地である市の間の連携・協働にとどまらず広域的な連携体制を構築するに至っている［北広島市 n.d.］．広域的な連携体制であるオール北海道ボールパーク連携協議会は，ボールパークを通じて道内各地の活性化を実現するために 2019 年 7 月に設立された．設立当初は北広島市，株式会社北海道日本ハムファイターズ，株式会社北海道ボールパークが事務局（2021 年 2 月 1 日現在は北広島市及びファイターズ スポーツ＆エンターテイメント）となり，圏域の市町村，観光，交通業，建設，広告の企業や，オブザーバーとして国土交通省北海道開発局（2021 年 2 月 1 日現在は国土交通省北海道運輸局，経済産業省北海道経済産業局も加わっている）が参加している．この協議会には，北海道ボールパーク圏域連携勉強会，「食の魅力提供」「周遊策」「スポーツ・人づくり」「交通」の各分科会が設置されており，北海道全体の価値魅力向上及び成長・発展へ寄与することを目指して連携を進めている．

166

次に，民間主導による PPP でスポーツ施設の建設が進められた事例として，大阪府吹田市の吹田市サッカースタジアム建設が挙げられる．このスタジアム建設は，J リーグクラブ（ガンバ大阪）がサッカー専用スタジアムの建設を計画したことに端を発する［朝日新聞 2008］．建設に要する費用については，公益社団法人関西経済連合会，公益財団法人日本サッカー協会，公益社団法人日本プロサッカーリーグ及び株式会社ガンバ大阪を構成員とする「スタジアム建設募金団体」が主導して建設資金を募金により調達し，完成したスタジアムを建設地である吹田市に寄付し，吹田市はスタジアムを公共施設として所有するという形で行われた．資金調達については「国等に対する寄付金」制度を活用し，寄付を行った個人はふるさと寄付金として取り扱われることで所得控除を受けられるようにし，寄付を行った法人は法人税の損金算入を認められるようにした．

　このスタジアム建設が進むプロセスでは，スタジアムの維持管理等に伴う金銭的負担をどのように行うのかが争点となった．具体的には，吹田市議会では，① 土地の賃借料の負担，② 将来的に生じうる大規模修繕費の負担などが質問事項として活発に取り上げられた．行政側は，募金活動が実施される前の 2010 年 1 月時点で，市民に将来的に新たな財政的負担が生じないようにすることをスタジアムの寄附を採納する条件としてプロサッカークラブ側に提示していた．建設予定地決定プロセスにおいては，行政クラブ間の協議の一時凍結，他市による誘致の動きなどがあったが，最終的に吹田市をスタジアム建設地とすることで決着した．2011 年 12 月定例会において寄附の採納に係る議案が市議会で承認され，吹田市が土地の賃借料を日本万国博覧会記念機構に対して支払うが，クラブが同額を市に対して支払うこと，クラブが指定管理者としての維持管理費用を負担すること，クラブが将来的な大規模修繕費を負担することとなった．また，クラブが非公募にて指定管理者として選定され，指定期間は 2015 年 9 月 30 日から 2063 年 3 月 31 日までの長期にわたることとなった．

　地域の経済団体が中心となってスポーツ施設の整備を提言する動きも各地でみられる．例えば，富山経済同友会の地域活性化委員会は 2015 年 4 月に「富山まちなかスタジアム構想」を公表した．富山経済同友会は，少子高齢化に伴う人口減少，市街地空洞化などの地域の抱える課題を解決し，公共交通機関の利用促進，集客を活かした周辺商業の活性化，スポーツ文化の醸成，シティセールスなどの効果を生むことができるよう，まちなかにスタジアムを整備する

ことを提言している．この提言を公表するにあたり，同友会は，他地域の経済同友会との交流，国内外のスタジアムの視察，スタジアムと地域活性化などに専門的な知見を有する有識者を招待した講演会の開催，プロスポーツ試合における観戦者アンケートの実施などを経て，数回にわたる提言案の検討を行っている．秋田県では，秋田経済同友会が「多機能複合型・全天候対応可動式屋根付きスタジアムを求める提言」(2017年)を秋田県知事と秋田市長に提言したり，「2020年度秋田市に対する要望」の中で，新スタジアムが市で候補地を検討するに際してスタジアムで目指すまちづくりを官民の関係者が参画する協議会を設置したうえで議論したりすることを求めるなどしている．滋賀県では，大津商工会議所がスポーツ庁の実施する「スタジアム・アリーナ改革推進事業」の先進事例形成に2017，2018年と選定され，官民連携協議会の開催や関連する調査を実施し，(仮称)びわ湖アリーナの整備に向けた取組を進めている．

　以上のように，スタジアム・アリーナを整備しようとする動きが全国各地で起こっている．地域主体の視点からスタジアム・アリーナの整備を考えると，プロスポーツの活性化はまちづくりや経済活性化と結びつくことが期待できる．そのため，自治体や地域経済団体はスタジアム・アリーナの誘致に動いたり，スタジアム・アリーナ整備による効果をより広い地域に波及させることを目指してネットワークを拡大させたりするなどしているのである．

（2）　プロスポーツを活用した地方創生や社会課題の解決

　地域密着型プロスポーツは地方創生や地域社会の課題の解決において様々な期待を寄せられる存在でもある．以下では，地方創生や地域社会の課題の解決と結びついているプロスポーツの動向を紹介する．

　まず，プロスポーツをまちづくりの中心に位置づけた地域活性化が挙げられる．例えば，茨城県水戸市では，昨今の技術革新を社会に実装するための政策の一環としてプロスポーツとまちづくりを関連づけた取組が行われている［スマートシティ官民連携プラットフォーム n.d.］．「水戸市スポーツ・観光スマートシティ」と呼ばれるこの取組は，地域のプロスポーツチームを核として，新たなスポーツ観戦スタイルを確立することで地域経済を活性化したり，新たなコミュニケーションツールを導入することによる節度あるコミュニティを形成し，地域の関係人口を拡大したりしていくことを目指すものである．この取組は，水戸市，茨城ロボッツ・スポーツエンターテインメント，KPMGコンサル

ティング，日本マイクロソフト，マイスター，水戸商工会議所，水戸観光コンベンション協会，日本スポーツツーリズム協会，茨城大学等で構成される「水戸市スマートシティ協議会」を中心に展開されることとされている[8].

　また，民間主導のプロスポーツによる地方創生に向けた具体的な動きもある．同じく水戸市では，民間が主体となり地方創生に向けた取組も進められており，その活動の中にプロスポーツが位置づけられている．2016 年から経営者などが中心となり中心市街地を活性化させるための取組である「水戸ど真ん中再生プロジェクト」が行われている．その一環として，プロバスケットボールの茨城ロボッツにより 2017 年に市中心部の賑わいを生み出すことを目指して市の中心市街地に練習場やイベント会場として利用できる仮設施設「まちなか・スポーツ・にぎわい広場（通称：M-SPO）」が整備された［読売新聞 2017］．この M-SPO の芝生広場整備にはまちなか地方創生応援税制（企業版ふるさと納税）も活用されている．

　昨今では，民間団体が主体となって地域経済・社会の活性化に取り組む活動として，プロスポーツをハブとした社会課題の解決に向けた取組も盛んになりつつある．Ｊリーグでは，従来から行っていたホームタウン活動をもとにして，社会連繋活動である「シャレン！」を 2018 年から展開している．この活動は，「社会課題や共通のテーマ（教育，ダイバーシティ，まちづくり，健康，世代間交流など）に，地域の人・企業や団体（営利・非営利問わず）・自治体・学校などとＪリーグ・Ｊクラブが連携して，取り組む活動」のことであるとされており，「3 社以上の協働者と，共通価値を創る活動を想定しており，これらの社会貢献活動等を通じて，地域社会の持続可能性の確保，関係性の構築と学びの獲得，それぞれのステークホルダーの価値の再発見に繋」げたり，この活動を通じて，SDGs（Sustainable Development Goals）に貢献しようとするものである［公益社団法人日本プロサッカーリーグ n.d.a］．シャレン！については，Ｊリーグに社会連繋本部が置かれており，各地域の代表クラブから構成される幹事会，各クラブと連携を図る組織体制で実施されている．また，リーグは各クラブを支援するためのクラウドファンディング「Ｊリーグクラウドファンディング」を実施している．

　シャレン！の一例として，自治体とプロスポーツクラブの間で締結された連携協定に基づいて社会課題の解決に取組む活動が挙げられる［鹿島アントラーズ 2020；鹿嶋市 2020］．茨城県鹿嶋市では，自治体，プロサッカークラブ，プロ

サッカークラブのメインスポンサーの間で，スマートシティ事業の推進などによる地域課題の解決を目的とした地方創生に関する包括連携協定が締結されている．この協定では，三者の連携によるスマートシティ推進，プロサッカークラブを中心とした地域再生の企画・実行，情報通信技術等を活用した地域課題の解決などを推進していくこととされている．この協定に基づいて，プロサッカークラブ，自治体，民間企業の協働による地域内小学校でのプログラミング教育が実施されている．

　シャレン！では，クラブを地域のハブとして地域の関係者を巻き込む形で地域課題が解決されるという事例も存在する．愛知県名古屋市では，市の駅前の活性化を目的として「グランパス未来商店街」と称する活動が実施された［公益社団法人日本プロサッカーリーグ n.d.a；n.d.b］．この取組はクラブ，市の街づくり団体，プロボノメンバーが協働しており，クラブがプロジェクトのたきつけ役を担い，企画を主導する主体としてプロボノメンバーを構成し，地元関係者を巻き込む形でプロジェクトが進められた．

　以上の取組は，プロスポーツがスポーツの枠にとどまることなく，地域社会の課題の解決に向けた取組を主体的に推進しようとする動きである．この取組は，プロスポーツの側から社会に対してその活動や関与するネットワークを広げていく動きとして捉えられる．

3　地方におけるプロスポーツの役割

（1）　プロスポーツと地方のネットワーク

　本章で取り上げた様々な事例から明らかなように，プロスポーツは地域との関係が深く，公共的問題の解決の主要な担い手である自治体との間に様々な関係が形成されている．また，プロスポーツはスポーツ政策に限らず，地域の経済産業振興やまちづくりとの関連もあり，それらの政策領域に関わる地域主体との関係が形成されている．つまり，プロスポーツと地域の様々な主体の間には公共的問題の解決のために複雑な連携・協働体制が形成されていると考えられる．

　以上のような公共政策における多様な主体の関与が行われている状態は，「ガバナンス」という概念を用いて理解することができる．ガバナンスという用語は多義的であり，経営学（コーポレート・ガバナンス），国際関係論（グローバ

ル・ガバナンス）、国際援助・協力（グッド・ガバナンス）など使用される分野によって意味が異なる［西岡 2006：1-3］．公共政策に関わる分野においては、ガバナンスは、公共的な問題の解決に向けて、政府や民間の様々なアクターが有機的にネットワークを形成して政策形成や公共サービスを提供している状態に対して用いられる［真山 2002：99］．特に、地方分権時代の自治体における政策形成や公共サービスの提供の新たな在り方を検討した真山［2002：100］は、「公共空間に存在する諸問題の解決に向けて、政府（中央政府および地方政府を含むいわゆる government）、企業（民間営利部門の諸主体）、NPO、NGO 等（民間非営利部門の諸主体）のネットワーク（アクター間の相互依存関係）を構築し、それを維持・管理する活動（＝公共空間の協働管理）」をガバナンスと定義し、特に地方レベルのガバナンスを「ローカル・ガバナンス」と呼んでいる．また、ガバナンスは、ある問題に関心を有するアクターが自由に参加可能なネットワークであり、あらゆる主体がネットワークを形成したり管理したりする権利を有しているということを基本とする概念である［真山 2002：99］．

　以上のガバナンス概念を参照して本章で紹介してきたプロスポーツと地域主体の関係を検討すると、次のようなことがいえるだろう．自治体の政策目的はプロスポーツと密接に関連しており、その目的達成はプロスポーツの目的や利益にもなる．このことは、相互の目的を達成するという点で相互依存関係にあると捉えられる．そして、自治体がプロスポーツクラブの成立に不可欠なスポーツ施設の提供や優遇措置を行っていることは、スポーツ施設を確保したいクラブとクラブを地域に誘致したい自治体の間で資源をめぐる相互依存関係が形成されているものとして理解できる．また、スタジアム・アリーナの整備では、民間主体が主導することでネットワークが構築されている（またはしようとしている）．吹田市の事例はプロスポーツ主導でスタジアム建設に向けた動きが起こり、実際に整備が実現したものである．富山、秋田、滋賀、水戸の事例はプロスポーツの活性化やプロスポーツを活用したまちづくりに関心を有する地域経済団体等がネットワーク構築を喚起したり、実際にネットワークを構築して地域の問題解決に向けて動き出したりしているものである．さらに、Jリーグのシャレン！は、プロスポーツが主導して（スポーツに限らない）地域課題の解決のためのネットワーク構築を促進しようとしている新たな潮流として理解することができる．

　以上のように、ガバナンス概念を用いると、プロスポーツと地域主体の間に

生じている様々な関係を考察することが可能である．地域レベルでは，自治体が主導するネットワーク構築だけではなく，民間主体（プロスポーツや地域経済団体）が主導するネットワーク構築も生じつつあるといえる．

（2） プロスポーツへの行政支援やプロスポーツの地域への影響に関する様々な議論

プロスポーツに対する行政支援が議論の争点となったり，ときには住民から反対の声が上がったりすることがあることも確認しておく必要がある．例えば，宮城県仙台市では，市議会（平成30年第4回定例会第3日目）において，仙台市がJリーグクラブであるベガルタ仙台に対して毎年多大な金銭的支援を行っていることに対して議員から疑問の声が上がり，プロチームとして経営的な自立を行うべきであるとの指摘があった．

栃木県栃木市では，サッカークラブの親会社が民設民営方式で整備したサッカースタジアムについて，市がその会社に対して使用料及び固定資産税の免除することを決定したことに対して住民訴訟が起こった［朝日新聞 2022］．市はクラブのスタジアムや練習場として使うことによる市の賑わい創出，知名度向上，経済活性化などを主張し，公益性があることを訴えた．しかし，宇都宮地裁は市長が使用料請求をしないことを違法とし，固定資産税の免除を差し止める判決を出した．プロスポーツに対する行政支援はその公益性を理由に正当化されることがあるが，この訴訟では，スタジアムに強い公益性があることは認められないとされたのである．

海外では，プロスポーツクラブに対する行政支援が正当化されうるのかという議論がある．例えば，自治体が公共サービスや公共財を提供している民営プロスポーツチームに対して財政的援助を行うことは正当化されうるのかを問う研究では，自治体のスポーツ担当職員及び地域住民が，自治体はプロスポーツチームに対して財政的援助額を減らし，施設やスポーツプログラムなどの市民スポーツの振興に投資すべきであると考えていることが明らかにされている［Galily et al. 2012］．

プロスポーツの存在が地域にどのような影響を及ぼすのかについて把握する研究も蓄積されている[9]．例えば，北米の文脈では，スタジアムやプロスポーツが存在することで地域経済が活発になるのかどうかは定かではないこと［Baade and Dye 1990］，プロスポーツは地域の所得増加や雇用創出とは正の関連

性がみられないこと［Baade 1996］が報告されている．また，ヨーロッパにおいてプロスポーツと人口及び平均所得の関連を調査した研究では，総じてその効果が小さいこと，ときにはネガティブな影響があること，経済的な影響はプロスポーツクラブへの支援を正当化するには根拠として弱いことが報告されている［Storm et al. 2017］．

　ここで紹介したプロスポーツが地域に及ぼす影響に関する研究は，あくまで海外におけるプロスポーツと地域を対象とした議論であるため，政治的，経済的，文化的な文脈の異なる日本のプロスポーツと地域の関係と直接的に関連づけることができるかどうかは精査が必要である．ただ，プロスポーツを地域に誘致することが肯定的に語られたり，プロスポーツが地域に対して肯定的な影響や効果を及ぼすことをもってその誘致が正当化されたりすることがあるが，プロスポーツが地域に存在することによってどのような成果が生じているのかについて，客観的なデータを示して説明することは必要であると考えられる．

おわりに

　本章では，プロスポーツと様々な地域主体との関係の在り方を概説してきた．プロスポーツクラブと自治体との間には密接な関係が形成されており，自治体政策上への位置づけ，施設をめぐる密接な関係，金銭的支援など多様な関係が存在している．また，地域に存在する様々な主体は主にプロスポーツの有する経済的価値やまちづくりとしての価値に期待しており，プロスポーツと経済活性化やまちづくりを関連づけた施設整備を進めようとしている．プロスポーツは地域経済・社会の活性化のための主要な資源として認識され，期待を寄せられている存在であるといってよいだろう．

　ただ，プロスポーツを通じた地域経済・社会の活性化を目指すならば，地域経済・社会の活性化がプロスポーツの発展・成功次第になりうることは留意されなければならないと考えられる．また，プロスポーツに対する行政支援には慎重な意見が存在することも考慮されなければならない．さらに，地域住民にとってプロスポーツの存在が地域コミュニティの活性化などに資することもあるが，それは必ずしも地域住民全体の総意ではないこともある．

　プロスポーツの価値の実現を目指すための地域ネットワークの構築も課題となるだろう．プロスポーツを活用した地方創生や社会課題の解決に向けた取組

が起こり始めていることは，自治体が形成するネットワークとは別に，プロスポーツや民間主体がネットワークを形成していることを意味している．プロスポーツが果たしうる価値を社会において実現していくためには，どのようなネットワークを，誰が構築し，どのように機能させていけばよいのだろうか．プロスポーツと地域主体のネットワーク構築に関するさらなる議論の蓄積が期待される．

注

1) Jリーグの活動方針とは，「フェアで魅力的な試合を行うことで，地域の人々に夢と楽しみを提供」すること，「自治体・ファン・サポーターの理解・協力を仰ぎながら，世界に誇れる，安全で快適なスタジアム環境を確立」すること，「地域の人々にJクラブをより身近に感じていただくため，クラブ施設を開放したり，選手や指導者が地域の人々と交流を深める場や機会をつく」ったりすることとされている．

2) ホームタウン制度に関する類似の規定は，公益社団法人ジャパン・プロフェッショナル・バスケットボールリーグ（Bリーグ）規約第22条にもみられる．

3) 本章では，Linder and Rosenau [2000: 5] 及び Klijn and Teisman [2000: 85] を参考にし，PPPを，公共政策のために官（政府）及び民間の主体の間に形成されたある程度の継続性を持つ関係であり，パートナーは資源，リスク，報酬，コストを共有する関係として捉えている．

4) 行政計画は一般的に政策，施策，事業の階層性があり，これらの階層間には目的手段関係の連鎖を見出すことができる．なお，政策，施策，事業による政策概念の整理，政策の階層性や目的手段関係については，真山 [2001：48-51] や秋吉ら [2020：34-35] が参考になる．

5) 海外（北米）では，公共スポーツ施設に公的資金を投資してプロスポーツチームを誘致した行政組織（地方政府）が，収益性の向上を求めるチームの転出によって損失を被る場合に，地域コミュニティの公益を保護するために取りうる方策の有用性と限界を検討する研究がある [Kennedy and Rosentraub 2000]．

6) プロスポーツの本拠地となるスタジアム・アリーナの整備は，国の経済産業政策の体系に位置づくスポーツの成長産業化のための具体的取組である．なお，戦後の経済産業政策におけるスポーツの位置づけの概略は，日下 [2021] が整理している．

7) 北海道日本ハムファイターズのボールパーク構想のプロセス，ボールパーク構想と北広島市のまちづくりの整合性については，内藤 [2021b] が参考になる．

8) 水戸市の取組は，国土交通省の「スマートシティモデルプロジェクト」の令和2年度重点事業化促進プロジェクトとして選定されている．

9) プロスポーツに関わるスポーツ施設の効果に関する研究については，内藤 [2021a] が整理している．

参考文献 》》》──────────────────────────

〈邦文献〉

秋吉貴雄・伊藤修一郎・北山俊哉 [2020]『公共政策学の基礎〔第 3 版〕』有斐閣.

朝日新聞 [2008]「エキスポにスタジアム，ガンバ検討　サッカー専用，吹田市も要望」
　　　（2008 年 7 月 18 日，夕刊 p. 1）.

───── [2021]「アントラーズ，新競技場構想　創設 50 年向け「ビジョン」に盛る」
　　　（2021 年 10 月 7 日朝刊，p. 21）.

───── [2022]「公園使用料の免除は違法　住民訴訟，栃木市が敗訴　地裁判決」（2022
　　　年 1 月 28 日朝刊，p. 21）.

飯盛義徳 [2015]『地域づくりのプラットフォーム──つながりをつくり，創発をうむ仕
　　　組みづくり──』学芸出版社.

鹿島アントラーズ [2020]「鹿嶋市×鹿島アントラーズ　鹿嶋市内の小学校でのプログラミ
　　　ング教育の推進事業について」（https://www.antlers.co.jp/news/club_info/79740,
　　　2022 年 1 月 5 日閲覧）.

鹿嶋市 [2020]「【鹿嶋市レポート】子どもたちへのプログラミング教育を強化」（https://
　　　city.kashima.ibaraki.jp/site/kashimaphoto/18348.html, 2022 年 1 月 5 日閲覧）.

北広島市 [n.d.]「ボールパーク特設サイト」（https://www.city.kitahiroshima.hokkaido.
　　　jp/ballpark/, 2022 年 1 月 29 日閲覧）.

日下知明 [2017]「地方自治体と J リーグクラブのスポーツ施設をめぐる政策ネットワー
　　　クの特質に関する研究」『体育・スポーツ政策研究』26(1).

───── [2020]「地方自治体と J リーグクラブの間の官民パートナーシップの特徴に関
　　　する研究──地方スポーツ推進計画の分析を中心として──」『体育・スポーツ政策
　　　研究』29(1).

───── [2021]「経済産業政策におけるスポーツ」日本体育・スポーツ政策学会監修・
　　　真山達志・成瀬和弥編著『公共政策の中のスポーツ』晃洋書房.

スマートシティ官民連携プラットフォーム [n.d.]『水戸市スポーツ・観光スマートシティ
　　　（水戸市スマートシティ協議会）』（https://www.mlit.go.jp/scpf/projects/docs/smart
　　　cityproject_mlit(4)%2004_mito.pdf, 2022 年 1 月 5 日閲覧）.

内藤正和 [2021a]「都市整備政策におけるスポーツ」日本体育・スポーツ政策学会監修・
　　　真山達志・成瀬和弥編著『公共政策の中のスポーツ』晃洋書房.

───── [2021b]「まちづくりと整合性を持つスポーツ施設整備政策──政策過程を視
　　　点に──」同志社大学博士論文.

西岡晋 [2006]「パブリック・ガバナンス論の系譜」岩崎正洋・田中信弘編『公私領域の
　　　ガバナンス』東海大学出版会.

日本プロサッカーリーグ [n.d.a]『シャレン！について』（https://www.jleague.jp/sha
　　　ren/about/, 2022 年 1 月 5 日閲覧）.

日本プロサッカーリーグ [n.d.b]「グランパス未来商店街」（https://www.jleague.jp/sha

ren/media/awards2020/work_report_35.pdf, 2022 年 1 月 5 日閲覧).

松橋崇史［2020］「プロスポーツクラブの経営を支える地方自治体の制度設計とその波及効果――広島東洋カープと楽天野球団のケーススタディ――」『拓殖大学経営経理研究』117.

真山達志［2001］『政策形成の本質―現代自治体の政策形成能力』成文堂.

―――――［2002］「地方分権の展開とローカル・ガバナンス」『同志社法学』54(3).

読売新聞［2017］「ロボッツ　水戸活性化計画　5 年間限定　中心街に仮設練習場＝茨城」(2017 年 5 月 16 日朝刊, p.25).

〈欧文献〉

Baade, R. A.［1996］"Professional sports as catalysts for metropolitan economic development," *Journal of Urban Affairs*, 18(1).

Baade, R. A. and Dye, R. F.［1990］"The impact of stadium and professional sports on metropolitan area development," *Growth and Change*, 21(2).

Galily, Y., Yuval, F. and Bar-Eli, M.［2012］"Municipal subsidiary policy towards professional sports teams," *International Journal of Sociology and Social Policy*, 32 (7/8).

Kennedy, S. and Rosentraub, M.,［2000］"Public-Private Partnerships, Professional Sports Teams, and the Protection of the Public's Interests," *American Review of Public Administration*, 30(4).

Klijn, E.-H. and Teisman, G. R.［2000］"Governing public-private partnerships: analyzing and managing the processes and institutional characteristics of public-private partnerships", in S. P. Osborne ed., *Public-Private Partnerships: Theory and Practice in International Perspective*, Routledge.

Linder, S. H. and Rosenau, P. V.［2000］"Mapping the Terrain of the Public-Private Policy Partnerships", in P. V. Rosenau ed., *Public-Private Policy Partnerships*, The MIT Press.

Storm, R. K., Thomsen, F. and Jakobsen, T. G.［2017］"Do they make a difference? Professional team sports clubs' effects on migration and local growth: Evidence from Denmark," *Sport Management Review*, 20.

あとがき

　1991 年に日本体育・スポーツ政策学会（以下，スポーツ政策学会と略する）が設立されて 32 年になる．この間，スポーツに関しては，時代を画するような出来事が次々に起こった．すなわち，2011 年にはスポーツ関係者の多くが必要性を強く求めていたスポーツ基本法が制定された．また，2015 年には，スポーツ政策を統一的に策定し実施することを目指してスポーツ庁が設置された．さらには，新型コロナウイルスの流行で延期などの混乱はあったものの，2 回目になる東京オリンピックが東京で開かれた．スポーツの発展や振興にとって意味のある出来事が続いているのだが，一方で，スポーツにおける経済優先，勝利至上主義，政治とカネとの関わりなど，問題点も顕在化してきた．そのため，スポーツ政策に対する関心も高まり，多くの研究が蓄積されてきた．スポーツ政策学会が編集委員会を設置して企画・刊行した『スポーツ政策論』（成文堂，2011 年）は，それらの研究の当時の到達点を示しているといえよう．
　一方，同じくスポーツ政策学会が監修した『公共政策の中のスポーツ』（晃洋書房，2021 年）は，スポーツ政策の研究をさらに発展拡充するために，さまざまな政策分野からスポーツを見るという視点を提供している．スポーツを中心に展開しているわけではないさまざまな政策分野で，スポーツをどのように捉え，どのように利用・活用しているのかを明らかにして，スポーツ政策のあり方を客観的に検討するきっかけを提供しようとしたものである．
　スポーツ政策学会としては，『公共政策の中のスポーツ』を含めて全 3 巻でスポーツ政策を検討することにしており，本書はシリーズ第 2 巻にあたる．スポーツにはさまざまな価値があることが指摘されているが，それらが人々の暮らしや地域社会・地域経済の中でどのように実現されているのか，またどのような課題を抱えているのかを実態的に明らかにしようとするものである．焦点を自治体に合わせることによって，身近なスポーツの現状を明らかにすることに近づいたのではないだろうか．それによって，スポーツ政策の研究者にとって有益な知見を提供するだけでなく，スポーツを「する，観る，支える」全ての人々にとっても，これからのスポーツとの関わり方を考える上で役に立つ情報を提供できるのではないかと考えている．

本書を含むシリーズでは，スポーツ政策学会の会員を対象に執筆者を公募することにしている．したがって，会員諸氏のご理解とご協力なくしては出版にこぎ着けないのである．幸い，第1巻の『公共政策の中のスポーツ』に続いて，多くの会員から執筆のお申し出をいただき，大半の章は順調に執筆者が決まった．学会員の皆様にお礼を申し上げる．ただ，一部の章では執筆者が決まらなかったり，事情により期日を過ぎても原稿が出ない章が生じたりしたため，共編者の成瀬和弥先生には，執筆者探しにとどまらず，最終的には自らご執筆いただくというご負担をかけてしまった．共編者として十分なお手伝いが出来なかったことを大変申し訳なく思っている．

　また，第1巻に続いて晃洋書房の丸井清泰氏と坂野美鈴氏に大変お世話になっただけでなく，原稿の遅れなどにより日程がずれ込んでしまったことでご迷惑をお掛けした．心からのお礼とお詫びを申し上げる．

　シリーズとして近い将来に第3巻を刊行することになる．現時点ではまだ企画がまとまっていないが，今後も本シリーズにご注目いただければ幸いである．

　　2023年3月

　　　　　　　　　　　　　　　　　　　　　真 山 達 志

索　引

あ

愛知・名古屋アジア大会　　51
青森県競技力向上基本計画　　115
アクター　　39
アスリートの発掘・育成・強化　　118
イシュー・ネットワーク　　45
運動部活動　　79
　　——の在り方に関する総合的なガイドライ
　　　　ン　　79
　　——の地域移行に関する検討会議　　83
NPM　　12
　　——論　　14

か

ガバナンス　　170
官民パートナーシップ（PPP）　　161
機関委任事務　　2, 10, 20, 37
規制緩和　　12
休日の部活動の段階的な地域移行　　51
教育委員会　　3, 4, 7, 37
競技スポーツ政策　　105
行政委員会　　4
健康　　143
　　——増進計画　　149
　　——日本21　　144
憲法　　2
COVID-19　　52
高等学校体育連盟　　41
公募設置管理制度（パークPFI）　　14
高齢者　　153
国際競技力の向上　　43, 105
国民体育大会　　106, 115

さ

笹川スポーツ財団　　4
札幌冬季オリンピックの招致　　51
参酌　　22

Ｊリーグ　　160
資源依存の関係　　39
市制町村制　　2
次世代アスリートの発掘・育成　　118
施設　　92
自治事務　　20
指定管理者　　13
　　——制度　　13, 16
社会教育法　　42, 106
シャレン！　　169
住民自治　　2
住民福祉　　123
条例　　56
身体活動・運動　　150
スポーツの価値　　12, 16
スポーツ基本計画　　22, 37, 111
スポーツ基本法　　21, 38
スポーツ協会　　13
スポーツ教室　　95
スポーツコミッション　　8
スポーツ振興基本計画　　38
スポーツ振興くじ助成金　　33
スポーツ振興事業委託費　　33
スポーツ振興審議会　　3, 27
スポーツ振興法　　19, 108
スポーツ推進委員　　3, 27, 90
スポーツ推進計画　　22
スポーツ推進審議会　　27, 91
スポーツ大会　　96
スポーツ庁　　3
スポーツの公共性　　14
スポーツの社会的価値　　5
政策形成能力　　8, 12
政策体系　　55
政策ネットワーク　　39
　　——論　　39
生存権　　143
全国体力・運動能力，運動習慣等調査　　73

選手強化対策補助事業　42
総合型地域スポーツクラブ　98
総合計画　62

た

体育指導委員　3, 27
第 1 次分権改革　10
第三セクター方式　16
第 18 回オリンピック大会　42
第 2 次分権改革　10
体力　73
タレント発掘・育成事業　43
団体自治　2
地域スポーツコミッション　7, 8, 50
地域×スポーツクラブ産業研究会　51
地方教育行政の組織及び運営に関する法律
　3, 38
地方自治の本旨　2, 15
地方自治法　10, 18
　——の改正　37
地方スポーツ振興費補助金　33
地方スポーツ推進計画　3, 37, 59
地方創生　14
地方分権一括法　10, 123
地方分権推進法　10
地方分権の推進に関する決議　9
中学校体育連盟　41
東京一極集中　9
東京オリンピック選手強化対策本部　106

な

長野オリンピック　50
2002 年日韓ワールドカップ　50
日本スポーツ振興センター　41
日本スポーツツーリズム推進機構　49

は

廃藩置県　1
非営利組織　12
PFI　14, 16
必置規制　27
Ｂリーグ　162
福岡県タレント発掘事業　43
福祉　144
フレイル　156
法定受託事務　10, 20
保健体育審議会答申　43, 107
ポジティブ・サム　45

ま

民営化　16
民間委託（業務委託）　16
民間活力の活用　12
文部科学省　3

ら・わ

離島振興法　125
ローカル・ガバナンス　171
ワールドクラス・パスウェイ・ネットワーク
　（WPN）　120

《編著者紹介》

成瀬和弥 （なるせ　かずや）［第4，5，6章］
筑波大学体育系助教.
専門領域は，スポーツ政策学.
主要業績
『スポーツ政策論』（共著），成文堂，2011年.
「文部省における生涯スポーツ政策の導入と理念」『体育・スポーツ政策研究』28(1)，2020年，19-33頁.
『公共政策の中のスポーツ』（共編著），晃洋書房，2021年.

真山達志 （まやま　たつし）［第1章］
同志社大学政策学部教授.
専門領域は，行政学・政策実施論.
主要業績
『政策形成の本質──現代自治体の政策形成能力──』成文堂，2001年.
『スポーツ政策論』（共編著），成文堂，2011年.
『政策実施の理論と実像』（編著），ミネルヴァ書房，2016年.
『公共政策の中のスポーツ』（共編著），晃洋書房，2021年.
『行政は誰のためにあるのか──行政学の課題をさぐる──』日本経済評論社，2023年.

《執筆者紹介》(執筆順)

平塚卓也 (ひらつか たくや) [第2章]
関西福祉大学教育学部講師.
専門領域は，スポーツ政策学.
主要業績
「1949年の文部省体育局廃止の政策形成過程におけるアクター行動の制約」『体育学研究』66，2021年，
　　677-689頁.
『はじめて学ぶスポーツと法』(共著)，みらい，2023年.
『体育授業のリスクマネジメント実践ハンドブック』(共編著)，大修館書店，2023年.

髙橋義雄 (たかはし よしお) [第3章]
筑波大学体育系准教授.
専門領域は，スポーツ社会学，スポーツ政策学.
主要業績
『スポーツで地域を拓く』(共著)，東京大学出版会，2013年.
Women, Soccer and Transnational Migration (共著)，Routledge，2014年.
『現代社会とスポーツの社会学』(共著)，杏林書院，2022年.

武田丈太郎 (たけだ じょうたろう) [第6章]
北海道教育大学岩見沢校芸術・スポーツ文化学科准教授.
専門領域は，スポーツ法学，スポーツ政策学.
主要業績
『スポーツガバナンスとマネジメント』(共著)，晃洋書房，2018年.
『スポーツ法へのファーストステップ』(共著)，法律文化社，2018年.
『標準テキスト　スポーツ法学 (第3版)』(共著)，エイデル研究所，2020年.

出雲輝彦 (いずも てるひこ) [第7章]
東京成徳大学応用心理学部教授.
専門領域は，スポーツ政策学.
主要業績
『スポーツ政策の現代的課題』(共編著)，日本評論社，2008年.
『スポーツ政策論』(共著)，成文堂，2011年.
「カナダスポーツ政策2012の策定過程に関する研究」『体育・スポーツ政策研究』23(1)，2014年，
　　168-175頁.
「スポーツ立国の具現化のためのスポーツ振興政策に関する研究——日・米・独・加・中における競技
　　力向上政策の比較検討を通して——」(分担執筆)，『清和研究論集』23，2017年，1-16頁.

原田理人（はらだ　みちと）[第8章]
岐阜協立大学経営学部スポーツ経営学科教授.
専門領域は, スポーツマネジメント, スポーツ行政.
主要業績
「デスティネーションマネジメントを理解する」『月刊レジャー産業資料』, 2016年, 50-53頁.
「地域創生におけるスポーツコミッションの役割」『岐阜経済大学論集』52(1), 2018年, 61-85頁.
「我が国の大学におけるスポーツマネジメント教育の現状」（共著),『岐阜協立大学論集』55(1), 2021
　　年, 71-90頁.

高尾将幸（たかお　まさゆき）[第9章]
東海大学体育学部准教授.
専門領域は, スポーツ社会学.
主要業績
『「健康」語りと日本社会――リスクと責任のポリティクス――』新評論, 2014年.
Legacies and Mega Events : Fact or Fairy Tales?（共著), Routledge, 2018年.
『東京オリンピック1964の遺産――成功神話と記憶のはざま――』（共著), 2021年.

日下知明（くさか　ともあき）[第10章]
鹿屋体育大学スポーツ人文・応用社会科学系助教.
専門領域はスポーツ政策.
主要業績
「地方自治体とJリーグクラブのスポーツ施設をめぐる政策ネットワークの特質に関する研究」『体
　　育・スポーツ政策研究』26(1), 2017年, 1-28頁.
「地方自治体とJリーグクラブの間の官民パートナーシップの特徴に関する研究――地方スポーツ推進
　　計画の分析を中心として――」『体育・スポーツ政策研究』29(1), 2020年, 1-22頁.
『公共政策の中のスポーツ』（共著), 晃洋書房, 2021年.

スポーツ政策 2
地方におけるスポーツ価値実現の実像

2023年4月20日　初版第1刷発行　　＊定価はカバーに
　　　　　　　　　　　　　　　　　　表示してあります

監　修　　日本体育・
　　　　　　スポーツ政策学会©

編著者　　成　瀬　和　弥

　　　　　　真　山　達　志

発行者　　萩　原　淳　平

印刷者　　田　中　雅　博

発行所　株式会社　晃　洋　書　房

〒615-0026　京都市右京区西院北矢掛町7番地
電話　　075(312)0788番㈹
振替口座　01040-6-32280

装丁　(株)クオリアデザイン事務所　印刷・製本　創栄図書印刷(株)

ISBN978-4-7710-3716-8

日本体育・スポーツ政策学会 監／真山達志・成瀬和弥 編著　　　　Ａ５判 204 頁
公 共 政 策 の 中 の ス ポ ー ツ　　　　定価 2,200 円（税込）

藤本倫史・倉田知己・藤本浩由 著　　　　四六判 224 頁
ホスピタリティサービスをいかす スポーツビジネス学　　　　定価 2,200 円（税込）
——Sports Hospitality Handbook——

グラント・ファレッド 著／千葉直樹 訳　　　　四六判 150 頁
フ ァ ン ト ム ・ コ ー ル ズ　　　　定価 1,980 円（税込）

久保和之 著　　　　Ａ５判 172 頁
フ ラ イ ン グ デ ィ ス ク の 指 導 教 本　　　　定価 2,530 円（税込）
——フライングディスクの飛行について——

阿部　潔 著　　　　四六判 192 頁
シ ニ カ ル な 祭 典　　　　定価 2,200 円（税込）
——東京 2020 オリンピックが映す現代日本——

松山博明 著　　　　Ａ５判 174 頁
現 場 で 活 用 で き る　ス ポ ー ツ 心 理 学　　　　定価 2,750 円（税込）

岡田　桂・山口理恵子・稲葉佳奈子 著　　　　Ａ５判 206 頁
ス ポ ー ツ と Ｌ Ｇ Ｂ Ｔ Ｑ ＋　　　　定価 2,530 円（税込）
——シスジェンダー男性優位文化の周縁——

大河正明 著／大阪成蹊大学スポーツイノベーション研究所 編　　　　Ａ５判 176 頁
社会を変えるスポーツイノベーション　　　　定価 2,420 円（税込）
—— 2 つのプロリーグ経営と 100 のクラブに足を運んでつかんだ,
これからのスポーツビジネスの真髄——

大峰光博 著　　　　Ａ５判 116 頁
これからのスポーツの話をしよう　　　　定価 1,980 円（税込）

晃 洋 書 房